»Ich will im eigentlichsten Verstande ein Bauer werden«
Heinrich von Kleist in der Schweiz

»Ich will im eigentlichsten Verstande ein Bauer werden«

Heinrich von Kleist in der Schweiz
Eine Ausstellungsdokumentation

Herausgegeben von Philipp Burkard
und Anett Lütteken
unter Mitarbeit von Hannah Dotzauer

WALLSTEIN VERLAG

Inhalt

Vorwort

Thun ist ein Kleist-Ort! Mit der Veranstaltungsreihe »Kleist in Thun 2011« wurde anlässlich des 200. Todestages des Dichters Heinrich von Kleist am 21. November 2011 an dessen Aufenthalt in der Schweiz in den Jahren 1802 und 1803 erinnert. Dabei ging es keineswegs allein um eine historische Rückschau. Vielmehr war es das Bestreben aller Beteiligten, Person und Werk erneut und auf eine möglichst vielfältige Art und Weise zu vergegenwärtigen, und zwar aus Thuner Perspektive. Lesungen, Vorträge, Stadtführungen, Theaterproduktionen und Konzerte zählten hierzu ebenso wie eine interdisziplinär ausgerichtete wissenschaftliche Tagung über die bewegte Zeit um 1800.

Die Kuratoren der Ausstellung »*Ich will im eigentlichsten Verstande ein Bauer werden* – Heinrich von Kleist in der Schweiz« nahmen das Kleist-Jahr 2011 zum Anlass für eine Bestandsaufnahme, wie es sie so bisher nicht gab. Welche Relevanz Kleists Schweizer Aufenthalt für seinen weiteren Werdegang als Schriftsteller hatte, wurde dabei ebenso thematisiert wie die Frage nach den geistesgeschichtlichen Voraussetzungen und Konsequenzen seiner selbstgewählten Isolation auf der Aare-Insel.

Der Dank der Kuratoren für Hilfestellung und tatkräftige Unterstützung gilt insbesondere Lilian Raselli und der Stiftung Schlossmuseum Thun, Roman Hess vom Präsidialdepartement der Stadt Zürich (Ressort Literatur), Dr. Wolfgang de Bruyn vom Kleist-Museum in Frankfurt/Oder sowie Burkhard Wolter für ihre Bereitschaft, unser Vorhaben finanziell und ideell zu befördern. Gianpaolo Buffoli von Woodtli Communication + Design, Zürich, haben wir für sein gestalterisches Interesse an der Materie zu danken, ohne das die Visualisierung unserer Vorstellungen kaum denkbar gewesen wäre. Ihm und insbesondere auch Diane Coleman Brandt, die uns in bewährter Professionalität von Verlagsseite her betreut hat, möchten wir für ihre Geduld danken, die wir reichlich strapaziert haben. Małgorzata Peschler sind wir für die Beschaffung selbst noch abgelegenster Materialien gleichfalls sehr verpflichtet. Monique Furegati und Rico F. Valär danken wir für wertvolle Informationen zur rätoromanischen Rezeption Kleists. Was es »zu einem Kleist-Darsteller« braucht, hat uns der Schauspieler Wolfgang Beuschel dankenswerterweise lesend und deklamierend klargemacht. Den beteiligten Institutionen danken wir für die unbürokratische Bereitstellung von Originalen und Reproduktionen. Hannah Dotzauer möchten wir schließlich für die überaus wertvolle Hilfe beim Korrigieren und Optimieren danken.

Thun, Juli 2011, Philipp Burkard / Anett Lütteken

Anett Lütteken
Kleist und Thun

Dichter ohne Ort

»Alles, was er geschaffen, sagt uns sofort: ich bin kleistisch« – der Philologe und Kleist-Kenner Erich Schmidt (1853-1913) brachte auf den Punkt, was noch heute frappant wirkt. Doch gilt sein Befund einer »schroffe[n] Originalität« auch für die Anfänge dieses Autors? Als Heinrich von Kleist Ende 1801 von Frankreich kommend in Basel eintrifft, scheint nur eines klar zu sein, nämlich, dass er nicht wieder nach Preußen zurückkehren möchte. Mehr oder minder explizit ist damit auch die Absage an bürgerlich geordnete Verhältnisse verknüpft. Die verworrene politische Situation des postrevolutionären Zeitalters gibt ihm die lang ersehnte Gelegenheit, Abstand von Abgelegtem und Abgelebtem zu nehmen. »Ich gehe nach der Schweiz«, schreibt er am 29. November 1801 an Adolphine von Werdeck. Ob diese wohl ahnte, dass sich hinter der knappen Formel schriftstellerische Ambition in Potenz verbarg?

Es hat den Anschein, als befand sich in Kleists Gepäck ein Manuskript, an dem er schon in Paris gefeilt hatte, ohne es dort freilich vollenden zu können. Nur punktuell erschließen lässt sich indes, dass ihn dieser Entwurf auch während seines Schweiz-Aufenthaltes noch intensiv beschäftigt haben muss. Die Genese des Anfang 1803 im Verlag Heinrich Gessners in Bern und Zürich anonym erschienenen Schauspiels *Die Familie Schroffenstein* lässt sich heute nicht mehr detailliert rekonstruieren. Dennoch ist seine überdurchschnittliche Präsenz auf dem damaligen Buchmarkt noch gut erkennbar: Die Rezensenten der überregionalen Zeitschriften (an)erkannten das Talent des Autors, das sich hier offenbarte, sofort und umstandslos, ohne dabei das »Inkorrekte, Unzusammenhängende, Wilde, mit einem Worte *Jugendliche*« des Dramas zu übersehen, wie es in der *Zeitung für die elegante Welt* vom 30. Juli 1803 beschrieben wurde.

Lange schon steht außer Frage, dass dieses Werk ein kühner Wurf ist, voller ebenso gewaltiger wie gewalttätiger Sprachmacht, und eben gerade kein ›klassisch‹ austariertes Kunstgebilde. Allerdings bedurfte es einiger Zeit, bis man auch in der Forschung erkannte, dass Kleist sich bereits hier als Titan der deutschen Sprache artikuliert hatte. Bereits in seinem Erstling ›dekonstruierte‹ er die Sprache während ihres Gebrauchs, will sagen: zerlegte sie nach allen Regeln der Kunst und sezierte sie bis aufs grammatikalische Gerüst. Im Reigen der Erstlinge bedeutender Schriftsteller eignet dem Schauspiel zudem ein merkwürdiger Status. Während Goethe noch jahrzehntelang vom Dichterruhm zehren konnte, den ihm *Die Leiden des jungen Werthers* beschert hatten, und Friedrich Schiller der Mit- und Nachwelt bevorzugt als der jugendlich-feurige Urheber der zunächst ja gleichfalls anonym erschienenen *Räuber* in Erinnerung geblieben ist, begann Kleist seine Dichter-Laufbahn mit dem Trauerspiel *Die Familie Schroffenstein* namen- und damit gleichsam identitätslos. Und dass er selbst auch später wenig dazu getan hat, das Rätsel der Urheberschaft zu lösen, dass er sich sogar despektierlich über seine vermeintlich »elende Scharteke« äußerte (um diese Formel dann aber sogleich wieder zu streichen) und Verwandten davon abriet, in diesem Werk zu lesen, zeugt von einer überaus ambivalenten Haltung gegenüber dem Selbst-Erschaffenen. Vom Gedanken, alles jederzeit kompromisslos und immer wieder neu zur Disposition stellen zu können, war Kleist wohl von Anbeginn beseelt. Die physische Vernichtung des teilweise aus der Thuner Zeit stammenden *Guiscard*-Manuskripts im Oktober des Jahres 1803 ist nur ein weiteres Beispiel dafür, dass die Bereitschaft zur Zerstörung ein konstitutiver Teil von Kleists (dichterischem) Selbstverständnis war. Das Scheitern war von jeher ein möglicher und kein besonders unwahrscheinlicher Ausgang seiner Schreibexperimente.

Bern, Thun und das Aare-Inseli – politisch, prosaisch und poetisch betrachtet

Scheinbar zufällig führte Kleist der Weg in Richtung Berner Oberland. Mehr als ein touristisches Interesse mögen hierbei soziale Kontakte eine Rolle gespielt haben. Kleist war kein typischer Alpen-Reisender, sondern eher, wie in früheren Jahren schon sein dänischer Dichter-Kollege Jens Baggessen (1764-1826), ein politisch interessierter Zeitgenosse im emphatischen Sinne. Sein Ziel war die Hauptstadt des Revolutionskantons »Oberland«. Und hinzu kam noch: Obwohl kein Landeskind, verfügte er von Anbeginn über interessante Bekanntschaften. Es ist daher anzunehmen, dass er in mancherlei Hinsicht hinter die Kulissen des aufgewühlten Gemeinwesens blicken konnte. Seine überwiegend in der Stadt Bern wohnhaften Freunde und Bekannten waren Akteure des öffentlichen Lebens der Helvetik oder hatten mindestens an exponierter Stelle teil am intellektuellen Leben ihrer Zeit: Als Politiker und Autor (Heinrich Zschokke), als Verleger und Buchhändler (Heinrich Gessner) oder als Korrespondenzpartner von Berühmtheiten wie Christoph Martin Wieland (dessen Tochter Charlotte und dessen Sohn Ludwig). Zum weiteren Kreis hat man in der Forschung bisweilen auch den berühmten Pädagogen Pestalozzi und Berner Patrizier wie Niklaus Gatschet (1736-1817) gerechnet, die Kleist mit einiger Wahrscheinlichkeit die für den Immobilienerwerb und das zugehörige Geschäftswissen erforderlichen Beziehungen verschafften.

Das Bern jener Jahre war eine Stadt, die von den französischen Besatzern gewaltsam in eine weithin als schmachvoll empfundene Unbedeutendheit geführt worden war. Wie Fremde die Stadt eingedenk dieser besonderen Situation wahrnahmen, zeigt zum Beispiel der Bericht des deutschen Philosophen Johann Gottfried Carl Christian Kiesewetter (1766-1819) aus dem Jahr 1813:

> »Die Stadt hat noch Wall und Graben; das Thor, durch das wir einfuhren, hatte etwas ritterthümliches, ehrwürdiges. Man kömmt in eine lange, breite Straße, deren beide Seiten ansehnliche Gebäude zieren, alle vier Stockwerke hoch [...]. Die nach der Aar zu gehende Seite [der Münster-Terrasse] [...] gewährt die herrliche Aussicht auf einen Theil der Stadt, und auf liebliche Gärten, und auf die bläulichte Aar, die hier einen schönen Fall bildet, der dem des Rheins bei Laufen zwar durchaus nicht an Höhe, aber doch an Breite ähnlich ist, und auf die gegenüber stehenden, schließenden Wächter des Horizonts, die weißen, blendenden Gletscher in stillem, ernstem, traulichem Verein. Es ist diese Terrasse einer der beliebtesten Spaziergänge der Einwohner Berns. [...] Im Stadtgraben waren wiederum zwei neue zahme Bären, das lebendige Wappen der Stadt; die beiden alten sahe ich im vorigen Jahre in Paris im *jardin des plantes*, wohin sie zur Zeit des französischen Direktoriums abgeführt worden.«

Kleist hielt es in Bern definitiv nicht auf der Münster-Terrasse. Ihm war es um seine neue Existenz als »Bauer« zu tun. Doch das Städtchen Thun, wo er sich niederließ, war keineswegs ein idyllischer, sehr wohl aber ein von ländlicher Armut geprägter Ort. Dies freilich hätte er schon vorab nachlesen können, beispielsweise in den berühmten Reisebriefen von Christoph Meiners (1747-1810):

»Nahe vor Thun sahen wir zuerst ganze Heerden von dem großen sogenanten Schweizer-Vieh, das sich in den niedrigen Gegenden der Schweiz eben so wenig findet oder erhält, als in Deutschland, oder in andern flachen Ländern. – So wie wir uns Thun näherten, wurden die Kröpfe häufiger und größer, und einigemale sahen wir zwergartige Kinder mit ungeheuren Kröpfen und Auswüchsen, daß ich glaube, daß sie den Wallischen Cretins nicht viel nachgeben. Die Stadt Thun ist noch elender bebaut, als ich es wegen ihrer reichen Gemeinheiten und drükenden Gilden vermuthet habe.«

Der Leser Kleist scheint jedoch andere Textsorten bevorzugt zu haben, um sich auf das fremde neue Heimatland einzustimmen. Sein Traum vom Leben als Bauer, den Robert Walser in seinem *Kleist-Essay* von 1927 denkbar knapp resümieren konnte: »ein verhältnismäßig kecker Plan, der notwendigerweise mißlingen mußte«, dieser für Kleist so typische Traum wurde womöglich eher evoziert von Bonstettens *Briefen über ein schweizerisches Hirtenland* von 1782. Darin war zu erfahren, dass das »Hirtenleben« im Saanenland »lauter Genuß« sei und dort »die Erde nur durch ihre Geschenke bekannt; indem das Einsammeln der wohlriechendesten Kräuter an einem Sommertage weniger eine Arbeit ist als ein Vergnügen, welches die Stadtlustbarkeiten weit übertrift«. Rousseaus *Träumereien* gaben für Kleist am Ende dann wohl den Ausschlag, die Reize des Landlebens als vollends unwiderstehlich zu erachten und sich »auf einer allerliebst gelegenen Aareinsel bei Thun« (Robert Walser) niederzulassen.

Dichtung vor Ort

Mit *Kein Ort. Nirgends* betitelte Christa Wolf 1979 ihre literarische Fiktion über eine Begegnung zwischen Heinrich von Kleist und der Dichterin Caroline von Günderode. Von wegen: Kleist war entschlossen, gerade in Thun die Hoffnung auf eine »Freystätte in der Schweiz« (an Zschokke, 2. März 1802) zur Realität werden zu lassen. Und auch wenn sich diese zerschlug, sollte doch die langfristig physisch-psychisch wirksame Landschaftserfahrung des Insel-Experiments auf Kleist nicht unterschätzt werden. Denn dessen Aufenthalt in der Schweiz war zweifellos prägend, wobei seiner spezifischen Art der Rückschau nur wenig Verklärendes, sehr wohl aber der Hang zur distanzierten Stilisierung eignet. Selbst die berühmte Briefstelle, die Kleists homoerotische Neigung zu Ernst von Pfuel scheinbar so klar belegt und dazu noch ausdrücklich zu beider Aufenthalt in Thun im Jahre 1803 in Beziehung setzt, zeugt hiervon (7. Januar 1805):

> »Du stelltest das Zeitalter der Griechen in meinem Herzen wieder her, ich hätte bei dir schlafen können, du lieber Junge; so umarmte dich meine ganze Seele! Ich habe deinen schönen Leib oft, wenn du in Thun vor meinen Augen in den See stiegest, mit wahrhaft mädchenhaften Gefühlen betrachtet. Er könnte wirklich einem Künstler zur Studie dienen. Ich hätte, wenn ich Einer gewesen wäre, vielleicht die Idee eines Gottes durch ihn empfangen. Dein kleiner, krauser Kopf, einem feisten Halse aufgesetzt, zwei breite Schultern, ein nerviger Leib, das Ganze ein musterhaftes Bild der Stärke, als ob du dem schönsten jungen Stier, der jemals dem Zevs geblutet, nachgebildet wärest.«

Sichtlich inspiriert von den Gedanken des Archäologen und Kunstschriftstellers Johann Joachim Winckelmann (1717-1768) versucht Kleist hier, die eigene Wahrnehmung mit kunsttheoretischen Reflexionen über Schönheit an sich zu verbinden. Und zwischen den Zeilen meint man außerdem zu lesen: »Wer die Schönheit angeschaut mit Augen / Ist dem Tode schon anheimgegeben.« Die Wahrnehmung realer Landschaft ist bei Kleist hier und auch sonst sehr oft unerheblich. Wenn Kleist von sich als Dichter in der Landschaft spricht, schreibt er nicht unbedingt über diese. – Wo aber finden sich Spuren der Schweizer Naturerlebnisse in Kleists Werken? Die Poesie der Schweizer Landschaft, die er in den Briefen nur sehr fragmentarisch bezeichnet, scheint er erst aus der Distanz zur Gedankenlandschaft zu transformieren, deren Topographie gänzlich anderen Regeln unterliegt. So lesen wir etwa in *Germania an ihre Kinder* aus dem Jahr 1809 von einer extremen, durchaus erotisch, darin wiederum politisch konnotierten und also typisch ›kleistischen‹ Gebirgsszenerie:

»§ 3
Wie der Schnee aus Felsenrissen:
Wie, auf ew'ger Alpen Höhn,
Unter Frühlings heißen Küssen,
Siedend auf die Gletscher gehn:
Katarakten stürzen nieder,
Wald und Fels folgt ihrer Bahn,
Das Gebirg' hallt donnernd wider,
Fluren sind ein Ozean!

Chor
So verlaßt, voran der Kaiser,
Eure Hütten, eure Häuser;
Schäumt, ein uferloses Meer,
Über diese Franken her!«

Bilder von hochalpinen Naturgewalten werden verwendet, um den aus Kleists Sicht anzustrebenden Furor gegen das französische Volk plastisch werden zu lassen. Eine abwegige Lesart? Wohl kaum, denn zu Kleists Schweiz-Erfahrung, aus der er hier nachträglich versifizierte Handlungsanweisungen abgeleitet hat, zählte definitiv auch der angestaute Hass zwischen Besatzern und Besetzten. Unabhängig davon klingen die Verse für jemanden, der entgegen seiner Behauptung während der sonntäglichen Predigtzeit von Thun aus gewiss nicht auf dem Schreckhorn (4078 m) gewesen ist, durchaus empiriegesättigt.

Barnabe und Agnes, die Protagonistinnen der *Familie Schroffenstein*, halten im Gegensatz dazu »im Innere[n] einer Höhle« inne. Doch selbst von dort aus, wo nur noch das »Rauschen« »vom Wasserfalle« zu hören ist, bleibt das Gebirge für sie direkt erfahrbar: Die Finsternis des Tals lässt sich im hart gefügten Kontrast zur »Höhe«, die »so / Geheimnis-still« (2380 ff.) ist, von beiden mit mehr oder minder ›angenehmem Grauen‹ ermessen.

Als Erzähler endlich macht sich Kleist ein abgründiges Spiel daraus, seine persönlichen Schweiz- und Insel-Erfahrungen mit den kolonialen Gegebenheiten der Novelle *Die Verlobung in St. Domingo* zu verknüpfen und damit untrennbar seine

›kleine‹ und die ›große‹ Welt zu verstricken. Es fiel ihm wohl nicht schwer, solche Geflechte zu bilden, denn Schweizer Verhältnisse finden sich in dieser Erzählung allenthalben gespiegelt: Während »Herr Strömli« sich durch seine »Namensprechendheit« verorten lässt, verweist »Gustav von der Ried« eher auf den längst schon fernen lebensweltlichen Kontext der Werkgenese. Der Name kann durchaus an das weithin bekannte Berner Patriziergeschlecht derer von Graffenried erinnern. Ob Kleist Mitglieder der Familie persönlich gekannt hat, wissen wir nicht. Zu erwägen, dass der Adlige von Kleist zu den »lehrreiche[n] Bekanntschaften«, von denen er am 12. Januar 1802 berichtet, auch Mitglieder dieser Familie von Graffenried zählte, wäre freilich keineswegs abwegig. Verschiedene Söhne der bedeutenden Beamten-Familie taten sich nämlich im 17. und 18. Jahrhundert besonders als Söldner in holländischen und französischen Diensten hervor. Und von Letzteren erfährt der Leser des Werks Folgendes: »Der Fremde erwiderte: ich bin ein Offizier von der französischen Macht, obschon, wie ihr wohl selbst urteilt, kein Franzose; mein Vaterland ist die Schweiz und mein Name Gustav von der Ried. Ach, hätte ich es niemals verlassen und gegen dies unselige Eiland vertauscht!« *En passant* und kolonial maskiert spielt Kleist damit sogar noch auf das legendäre »Schweizerheimweh« an.

Bleibt allein noch festzuhalten, dass die hier wie im vorliegenden Band – gewiss unvollständig – aufgereihten Metamorphosen des Schweizerischen in Kleists Werk und Wirkung Ausdruck des Bemühens sind, ein Phänomen wenigstens an der Oberfläche zu streifen, für das der wahrhaft berufene Kleist-Leser Robert Walser bereits im Jahr 1927 eine in all ihrer Komplexität gültige Formel gefunden hat:

> »Ich wünschte, meine Haltung gegenüber einem ziemlich schwierig zu klassifizierenden Dichter zu kennzeichnen, mit einem Ton aufrichtiger Bemühung der Idee, es sei wichtig, wenn man sich und andere exakt zu nehmen bestrebt sei, einen Dienst zu leisten.«

Ausstellungsdokumentation

Wie stehts mit Ihrer Lust zum Landleben? Wie stehts mit der Schweizer-Regierung? Denn das hängt zusammen, u inniger als Sie mir gesagt haben. […] Was mich betrifft, wie die Bauern schreiben, so bin ich, ernsthaft gesprochen, recht vergnügt, denn ich habe die alte Lust zur Arbeit wiederbekommen.

Heinrich von Kleist an Heinrich Zschokke,
Thun, 1. Februar 180[2]

1. Heinrich von Kleist im Jahr 1802 – Scheitern und Aufbruch

Ende 1801, als sich ganz Europa im politischen und sozialen Aufruhr befindet, reist der junge, 24-jährige Heinrich von Kleist von Paris her kommend in die Schweiz. Seine Heimat Preußen und seine Familie mit ihren dem Offiziersadel entspringenden hohen Erwartungen will er für immer hinter sich lassen. Doch der Traum, fortan als Bauer unter einfachen ländlichen Bedingungen zu leben, erweist sich schnell als abwegig. Seine im fernen Frankfurt/Oder ansässige Verlobte Wilhelmine von Zenge will ihm nicht nach Thun, wo er im Januar 1802 eintrifft, nachfolgen.

Längst schon mangelt es ihm zudem an Geld, und sein Wissen über die Arbeit auf dem Land ist allenfalls rudimentär. Zusehends unübersichtlich wird auch die politische Situation. Die durchaus berechtigte Furcht, anstelle eines »Schweizerbürgers durch einen Taschenspielerskunstgriff ein Franzose zu werden« (an Heinrich Zschokke, 2. März 1802), ergreift ihn. Nach längerer, nicht näher bestimmbarer Krankheit, die er im Sommer 1802 in Bern auskuriert, bricht Kleist erneut auf: Der nächste Aufenthaltsort, das Weimar der Klassiker, soll ihm, den der Ehrgeiz nun vollends gepackt hat, zum Durchbruch als Schriftsteller verhelfen.

Das Kleists Leben auch später bestimmende Muster von leidenschaftlicher Begeisterung für Unerprobtes und den hieraus resultierenden, nicht selten existenziellen Krisenerfahrungen wird beim Schweiz-Aufenthalt des Jahres 1802 erstmals deutlich erkennbar. Dennoch ist seine Schweizer Zeit vor allem eine Erfolgsgeschichte: Sein Erstling, *Die Familie Schroffenstein*, erscheint Anfang 1803, verlegt vom Buchhändler und »National-Buchdrucker« Heinrich Gessner (1768-1816), anonym in Zürich und Bern. Das Buch findet eine verhältnismäßig große und von Sympathie für sein Talent getragene Resonanz. Weder die Rezensenten noch die sonstige Leserschaft erfahren freilich, wer dessen Urheber gewesen ist.

Unabhängig davon gelingt es Kleist, in Bern wichtige Freundschaften zu knüpfen. Seine Freunde dort haben mehr oder minder öffentlich Teil am politischen Geschehen der turbulenten postrevolutionären Phase. Heinrich Zschokke (1771-1848) zählte zu ihnen ebenso wie der Sohn Christoph Martin Wielands, Ludwig (Louis) Wieland (1777-1819), oder eben Heinrich Gessner, der Sohn des legendären Idyllen-Dichters Salomon Gessner. Gemeinsam ist allen die Freude an der Literatur, wie sie sich im Dichter-Wettstreit um den *Zerbrochnen Krug* manifestiert, jenes Lustspiel, das Kleists spätere Popularität am nachhaltigsten begründet hat.

»*Wo komm' ich her? Wo bin ich? Wohin wandr' ich?*« (o. Abb.)

Heinrich von Kleist schreibt am 1. Februar 1802 aus Thun an Heinrich Zschokke in Bern: »Wenn Sie mir einmal mit Geßnern die Freude Ihres Besuchs schenken werden, so geben Sie wohl Acht auf ein Haus an der Straße, an dem folgender Vers steht: ›Ich komme, ich weiß nicht, von wo? Ich bin, ich weiß nicht, was? Ich fahre, ich weiß nicht, wohin? Mich wundert, daß ich so fröhlich bin‹. – Der Vers gefällt mir ungemein, u ich kann ihn nicht ohne Freude denken, wenn ich spatzieren gehe.« Noch lange danach erinnerte sich Zschokke gegenüber dem ersten Biographen Kleists, Eduard von Bülow, an Kleists ausgeprägte Affinität zu diesem Spruch. Diese bewertete er vor allem als Indiz für ein »Zweifeln und Verzweifeln an höchsten Geistesgütern«. Bei dem »Vers« handelt es sich um eine Variante eines weit verbreiteten, erstmals Ende des 15. Jahrhunderts belegten Spruches, der im Umfeld der Peregrinatio ebenso zutreffend gewesen zu sein scheint wie noch zur Zeit Kleists als Ausdruck eines romantischen Lebensgefühls. An welchem Thuner Haus sich der Spruch befand, ist nicht bekannt. Im wohl seit 1808 entstandenen, aber erst 1821 posthum publizierten Drama *Die Hermannsschlacht* erlaubt sich Kleist eine für ihn charakteristische dichterische Lizenz, indem er Varus fragen lässt: »Wo komm' ich her? Wo bin ich? Wohin wandr' ich?«

So leicht indessen wird es dem Aller-Welts-Consul mit der Schweiz nicht gelingen.

Heinrich von Kleist an Ulrike von Kleist,
Thun, 19. Februar 1802

2. Revolution und Helvetik

Am 12. April 1798 wurde die alte Eidgenossenschaft offiziell durch die Helvetische Republik abgelöst. Nachdem zuvor von Frankreich aus die Unzufriedenheit ländlicher wie städtischer Eliten geschürt worden war, brachen sich die revolutionären Bestrebungen seit Beginn des Jahres 1798 in Basel und der Waadt Bahn. Der so genannte »Franzoseneinfall« bzw. die »Campagne d'Helvétie« wurden zu einer traumatischen Erfahrung von Fremdherrschaft im eigenen Land. Mit der gewaltsamen Besetzung der Kantone Freiburg, Solothurn und Bern wurde das traditionell offene schweizerische Staatsgefüge in jeder Hinsicht zur Disposition gestellt.

Der zentralistischen Denkart der Revolutionäre gemäß sollte die Schweiz in die drei Teilrepubliken Rhodanien, Helvetien und Tellgau aufgeteilt werden, was sich aber schnell als nicht durchsetzbar erwies. Dennoch wurde Aarau 1798 vorübergehend zur Kapitale des neuen Einheitsstaates erklärt, bis zum Frühjahr 1799 folgte Luzern und danach bis März 1803 Bern. Hier aber hatte man sich anfänglich vehement gegen die Machtübernahme der Franzosen gewehrt. Verschiedene, mit großen Verlusten einhergehende Schlachten, u.a. die von Grauholz, waren dazu erforderlich. Am 6. März 1798 marschierten die Besatzer unter der Führung von General Guillaume Brune (1763-1815) in Bern ein und quittierten den Widerstand umgehend durch drastische Maßnahmen: Die Wappentiere aus dem Bärengraben wurden nach Paris gebracht, die Speicher wurden geplündert, der Berner Staatsschatz geraubt und das Kantonsgebiet in vier Teile zersplittert. Sowohl in der bildenden Kunst (zeitgenössisch bereits bei Franz Niklaus König und Balthasar Anton Dunker) als auch in der Literatur (etwa in Jeremias Gotthelfs *Elsi die seltsame Magd* von 1843) ist der Widerstand gegen die Franzosen, der »Berner Landsturm« mitsamt der wichtigen Rolle der Berner Frauen dabei, immer wieder thematisiert worden.

Abbildung S. 19: »Le Premier Consul franchissant les Alpes au col du Grand-Saint-Bernard« (»Der Erste Konsul überquert die Alpen am Großen St. Bernhard«), Jacques-Louis David, 1800, Öl auf Leinwand, 246 × 231 cm
Kunsthistorisches Museum, Wien © akg images/Nimatallah.

Der politisch überaus einflussreiche französische Historienmaler Jacques-Louis David (1748 bis 1825) begeisterte sich auch als Künstler für die Revolution. Ein beredtes Zeugnis hierfür ist diese stilisierte Schilderung der Alpen-Überquerung des Herrschers während des Zweiten Koalitionskrieges (1799-1802). Zwischen dem 17. und 20. Mai des Jahres 1800 hatte Napoleon lediglich auf einem Maultier und im Schutz der Nachhut seiner Truppen den Pass Richtung Italien überquert. Das Bild hingegen betont den umfassenden Machtanspruch, den er mit seinen Feldzügen verband. Die Felsinschriften »ANNIBAL«, »KAROLUS MAGNUS IMP« und »BONAPARTE« belegen zugleich die Hybris des Diktators.

Johann Martin Usteri: Das Vater Unser eines Underwaldners. Erfunden von Johann Martin Usteri in Zürich; ausgeführt und in Tuschmanier geätzt von Marquard Wocher. Freiburg i. Br. [1805]. Zentralbibliothek Zürich: Z Res 128.

Das Vater Unser eines Underwaldners

Mit dieser eigenwilligen, aber keineswegs einzigartigen Verknüpfung von Frömmigkeit und Revolutionskritik in einer Bildfolge schilderten der Zürcher Dichter und Maler Johann Martin Usteri (1763-1827) und Marquard Wocher (1760-1830), welche Konsequenzen die Helvetik und die in ihrem Gefolge stehenden sozialen Verwerfungen auch in ländlichen Gebieten wie Unterwalden hatten. Eingangs wird gezeigt, wie friedlich das Leben auf dem Land eigentlich ist: Angesichts der Erhabenheit der Alpenlandschaft beginnt der »alte Aelpler« sein »Vater-unser« zu beten. Doch diese Idylle ist mehr als gefährdet, denn bereits auf der zweiten Illustration wird deutlich, dass die »Revolution« längst schon »auch in Unterwaldens friedliche Thäler eingedrungen« ist. Das gezeigte Schlusstableau lässt keinen Zweifel aufkommen: Die Folgen der Französischen Revolution in der ländlichen Schweiz sind Zerstörung, Besatzung, Tod und Verderben. Aus Sicht Wochers und Usteris ist die Helvetik ein »Uebel«, bei dem allein noch Frömmigkeit Abhilfe schaffen kann.

Helvetischer Almanach für das Jahr 1802. Zürich [1801], [o.S.]. Zentralbibliothek Zürich: Apz 523.

Herbstmonat.			FRUCTIDOR.		
Mitwoch	1	Verena	Quartidi	14	Noix
Donnerst.	2	Emericus	Quintidi	15	Goujon
Freytag	3	Theodos.	Sextidi	16	Aurone
Samstag	4	E. Serap.	Septidi	17	Cardière
Sonntag	5	Herculin	Octodi	18	Nerprun
Montag	6	Magnus	Nonodi	19	Tagetes
Dienstag	7	Regina	Décadi	20	HOTTE
Mitwoch	8	M. Geb.	Primidi	21	Eglantier
Donnerst.	9	K. Kirchw.	Duodi	22	Noisette
Freytag	10	Gorgon.	Tridi	23	Houblon
Samstag	11	F. R. Ex.	Quartidi	24	Sorgho
Sonntag	12	Tobias	Quintidi	25	Ecrevisse
Montag	13	A. Hector	Sextidi	26	Bigarade
Dienstag	14	† Erhöh.	Septidi	27	Verge-d'or
Mitwoch	15	Nicodem.	Octodi	28	Maïs
Donnerst.	16	Lampert	Nonodi	29	Marron
Freytag	17	Euphem.	Décadi	30	CORBEILLE
			JOURS		COMPLEM.
Samstag	18	Ferevlus	Primidi	1	F. de la Vert
Sonntag	19	Januar	Duodi	2	F. du Génie
Montag	20	Fausta	Tridi	3	F. du Travail
Dienstag	21	Matheus	Quartidi	4	F. de l'Opin.
Mitwoch	22	Maurit.	Quintidi	5	F. d. Recomp.
			l'an 11. VEN		DEMIAIRE.
Donnerst.	23	Lin. Tecla	Primidi	1	Raisin
Freytag	24	Ropert.	Duodi	2	Safran
Samstag	25	Cleophas	Tridi	3	Châtaignes
Sonntag	26	Cyprian	Quartidi	4	Colchiques
Montag	27	Cosm. D.	Quintidi	5	Cheval
Dienstag	28	Wencesl.	Sextidi	6	Balsamine
Mitwoch	29	Michael	Septidi	7	Carottes
Donnerst.	30	U. Hieron	Octodi	8	Amaranthe

Revolutionskalendarium

Das im Format eines Musenalmanachs gehaltene, mit verschiedenen kolorierten Abbildungen ausgestattete und damit scheinbar traditionelle Bändchen belegt die Unruhe des Zeitalters anschaulich: Während im Textteil die eher biedere, mit eingelegten Gedichten aufgewertete Beschreibung einer *Alpreise* von Johann Rudolf Wyß präsentiert wird, findet sich zugleich auch eine *Helvetische Chronik*, in der die politischen Ereignisse des bewegten Jahres 1800 akribisch verzeichnet werden. Es passt in dieses Bild, dass alter und neuer Kalender in Parallelschau abgedruckt werden. Die vorangestellte »Zeitrechnung« enthält zwar noch den Hinweis auf das »Jahr 1801 nach Christi Geburt«, daneben aber eben auch den auf das Jahr »26 seit der Unabhängigkeitserklärung der nordamerikanischen Freistaaten«, auf das Jahr »11 seit Stiftung der französischen Republik. (22[.] Sept. 1792)« und das Jahr »5 seit Vereinigung des ganzen Helvetiens zu Einer Republik«. Neben den politischen Zwängen könnte bei dieser Konzeption auch das Marktkalkül des Verlegers eine Rolle gespielt haben, sowohl seine alte als auch eine neue Leserschaft anzusprechen.

Revolution im Alltag (o. Abb.)

Der »auf Befehl des Vollziehungs-Rathes« gedruckte Bericht stammt vom renommierten Mathematiker und Physiker Johann Georg Tralles (1763-1822), der seit 1785 als Professor in Bern tätig war. Im Gefolge der revolutionären Wirren musste er sich 1803 in Neuenburg niederlassen. Ähnlich wie bei der Kartographie sorgte die Revolution auch auf dem Sektor der Maßeinheiten für einen Modernisierungsschub, indem nun deren gesamtstaatliche Vereinheitlichung angestrebt wurde. Die »Einförmigkeit der Maaße«, gemeint war damit das noch heute gültige metrische System, das vom Pariser Parlament im Jahr 1799 per Gesetz eingeführt worden war, avancierte so zum Staatsziel. Vollumfänglich gültig wurde dieses in der Schweiz allerdings erst seit 1835. Mit den Münzen der Helvetik wurde zum ersten Mal überhaupt versucht, in der Schweiz eine einheitliche Währung einzuführen.

»Friedrich Spensers Erklärung der Neuen Wörter, die seit der Revolution in Gang und Uebung gekommen, auch sonst bey'm Lesen der Zeitungen, Gerichtsverhandlungen, Prozessen, Familien- und Handelsangelegenheiten täglich erscheinen; also zu wissen nöthig und angenehm seyn kann. Winterthur, gedruckt in der Zieglerischen Buckdruckerey. Auf Kosten des Verfassers. 1801.«

Der Verfasser der im Selbstverlag publizierten, 44-seitigen Broschüre versucht, die neue Zeit wie die veränderte politische Wirklichkeit auch terminologisch fasslich zu machen. Er erklärt zahlreiche Wörter französischen Ursprungs, vor allem aber viele Fachbegriffe aus den Bereichen der Verwaltung und des Justizwesens. Im Abschnitt über »Revolutionswörter« schlägt er beispielsweise als Äquivalent zur »Guillotine« die »Köpfmaschine« vor und übersetzt den »Terrorist[en]« mit »Schreckensmann«.
Zentralbibliothek Zürich: Z 1801/10

Denn die Hauptschwierigkeit liegt in der Natur euerer Revoluzion selbst. Alle ehmalige Aristokratische Familien in Zürch, Bern, Lucern, Solothurn und Freyburg sind und bleiben natürliche und unversöhnliche Feinde der gegenwärtigen Ordnung der Dinge in Helvezien; und ihr würdet eben so leicht einen Mohren weiß waschen, als diese Leute (zumahl euere çi-devant Nobili di Berna) einer Staatsveränderung, wobey sie so unendlich viel verloren haben, geneigt zu machen. Solche Wunden kann nur die Zeit wo nicht heilen, doch wenigstens schließen und vernarben.

Christoph Martin Wieland an Charlotte Wilhelmine Gessner,
Oßmannstedt, 8. August 1800

Seitenblick 1: Christoph Martin Wieland – helvetischer Bürger und Kleist-Entdecker

Der ›deutsche Voltaire‹ Christoph Martin Wieland (1733-1813) nahm von seinem Gut Oßmannstedt bei Weimar rege und bisweilen beunruhigt Anteil am politischen Geschehen in der Schweiz. Obwohl ihm bewusst war, dass zu »Revoluzionszeiten die Verständigsten und Redlichsten gerade die« seien, »die man am wenigsten hört«, träumte er dennoch von einem ›starken‹ Mann. Dieser sollte für die Schweiz das sein, »was Napoleon Bonaparte für die Franzosen ist«. Wielands Sympathie für den »größte[n] Mann aller Jahrhunderte« und für die Errungenschaften des neuen Frankreichs wurde 1801 vom gesetzgebenden Rat der Helvetischen Republik offiziell honoriert. Mit Dekret vom 11. Mai 1801 erteilte er dem Weimarer Hofrat in Würdigung seiner »Verdienste um die Menschheit« das helvetische Bürgerrecht.

Aber auch sonst hatte Wieland senior gute Gründe, sich für die politisch und sozial instabilen Verhältnisse zu interessieren: Seine Tochter Charlotte Wilhelmine (1776-1816) lebte seit 1795 in Bern als Ehefrau von Heinrich Gessner (1768-1813). Bei ihnen wohnte zwischen 1800 und 1802 auch der auf einer Art Kavalierstour befindliche Sohn Ludwig Wieland. Kleist pflegte zur Familie Gessner sowie zum politisch aktiven Schriftsteller Heinrich Zschokke zeitweilig sehr enge Kontakte. Hierdurch ergab sich für ihn wenig später die für den Fortgang seiner Schriftstellerlaufbahn entscheidende Möglichkeit, auch Vater Wieland in Weimar kennenzulernen. Dieser sollte im Winter 1802/03, zwischen Kleists beiden Aufenthalten in der Schweiz, zum bedeutendsten Förderer des von hartnäckigen Selbstzweifeln geplagten jungen Autors werden.

Johann Baptist Hössel: »Wieland und Napoleon I.« Aquatinta (1809), © bpk Bildarchiv Preußischer Kulturbesitz.

Wieland hatte Jahre später, im Oktober 1808 in Erfurt, dann tatsächlich noch Gelegenheit, Napoleon I. persönlich kennenzulernen. Ausgesprochen positiv äußerte er sich daraufhin gegenüber Karl August Böttiger: »Sie fragen mich, ob Napoleon [...] auch mit *mir* gesprochen und welchen Eindruck er auf mich gemacht habe? Antwort auf die erste Frage: Ja. Der Kaiser *wollte* mich sprechen [...]. Auf die 2te Frage: einen sehr [...] angenehmen. Sie können Sich nichts einfacheres, *an*spruchloseres, natürlicheres und anmuthenderes denken, als sein ganzes *Be*nehmen – nicht nur gegen mich, sondern gegen Jedermann *während* seines hiesigen Aufenthalts. Mit mir unterhielt er sich, wie ein Mann, der weiter nichts als ein gebildeter Mensch ist und seyn will, mit einem alten Bekannten seines Gleichen, ou à peu prés.«

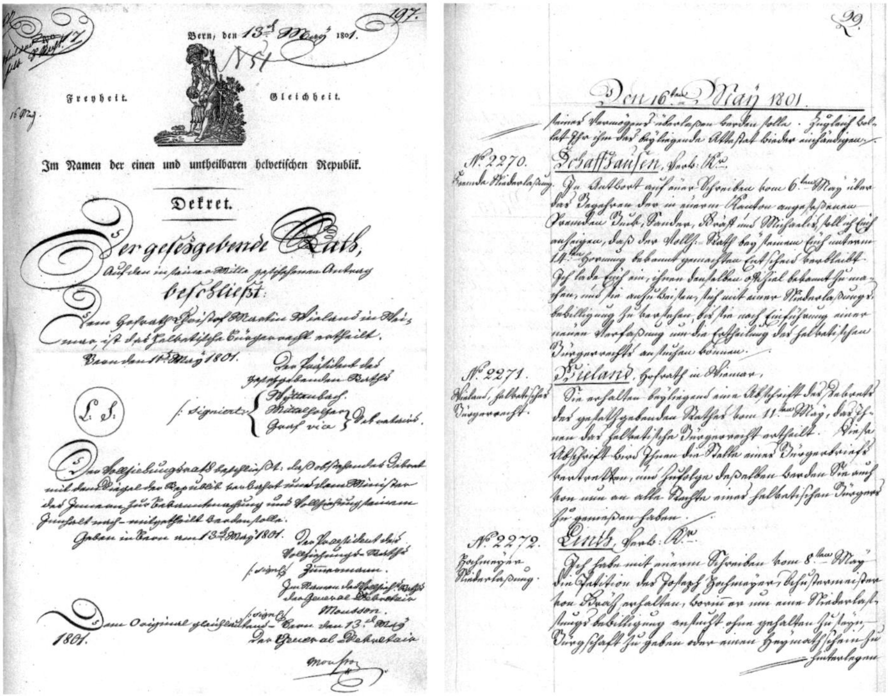

Bern, den 13. May 1801.

Freyheit. Gleichheit.

Im Namen der einen und untheilbaren helvetischen Republik.

Dekret.

Den 16. May 1801

No. 2270. Schaffhausen

No. 2271. Wieland

No. 2272.

Albrecht Rengger: Abschrift des Bürgerrechtsdekrets für Christoph Martin Wieland. Nr. 2271 Dekret des gesetzgebenden Rates vom 11. Mai 1801. Schweizerisches Bundesarchiv BAR, Signatur: B0/1020.

»Der gesezgebende Rath[, Auf den in seiner Mitte geschehenen Antrag] beschließt: Dem Hofrath Christof Martin Wieland in Weimar, ist das Helvetische Bürgerrecht ertheilt. Bern den 11t. Maÿ 1801. Der Präsident des gesezgebenden Raths

signiert { Wyttenbach.
Mittelholtzer
Graf Vice [Secretärs]«

»No. 2271. Wieland, helvetisches Bürgerrecht.

Wieland, Hofrath in Weimar.

Sie erhalten beyliegend eine Abschrift des Dekrets des gesetzgebenden Rathes vom 11.ten Maÿ, das Ihnen das helvetische Bürgerrecht ertheilt. Diese Abschrift wird Ihnen die Stelle eines Bürgerbriefs vertreten, und zufolge deßelben werden Sie auch von nun alle Rechte eines helvetischen Bürgers zu genießen haben.«

In zahlreichen seiner Briefe hat Wieland seine durchaus ambivalente Haltung gegenüber der Revolution und ihren Folgen thematisiert:

»Liebste Tochter, Ich werde keiner reinen Gemüthsruhe u Freude eher wieder fähig seyn, bis Helvezien wieder unabhängig und ruhig ist.«

Christoph Martin Wieland: Nachschrift zu einem Brief von Juliane Karoline Dorothea Wieland an Charlotte Wilhelmine Gessner, Oßmannstedt, 22. November 1799

»Eine solche Umwälzung, wie diejenige, wodurch die gute Schweitz auf den Kopf gestellt worden ist, ruiniert die Existenz aller Leute, die über 50 Jahre alt sind; denn sie zerreißt die alten Verhältnisse, und zerstört gewissermaßen die Personalität der Menschen, indem sie gezwungen sind, alles was ehmals war zu vergessen, und sich von lauter neuen Erscheinungen, an welche sie sich nicht mehr gewöhnen können, umgeben zu sehen.«

Christoph Martin Wieland an Charlotte Wilhelmine Gessner, Oßmannstedt, 8. August 1800

»Aber euere Revoluzion und alle Übel, die ihr auf dem Fuß nachgefolgt sind, haben mir diese, einst so angenehmen Erinnerungen so sehr verbittert, daß es mich wirklich ungemein schwer ankömmt in die Schweitz zu schreiben, so lange euer Schicksal noch so unentschieden ist und ihr von allen Seiten mit Gefahren und Nöthen umfangen seid, denen ich nicht abhelfen kann. [...] Indessen sehe ich doch wenigstens, daß die Gegenwart und der Einfluß eines so vortrefflichen und wohlgesinnten Mannes, wie der Minister Reinhard ist, sehr viel beytragen kann und wird, Euch das Gefühl des gegenwärtigen Ungemachs zu erleichtern und die Hoffnung besserer Zeiten zu beleben. Gewiß wird *er*, und (wie ich nicht zweifle) Bonaparte Selbst alles Mögliche beytragen, um euerer unter einem unglücklichen Gestirn entstandenen Einen und untheilbaren Republik zu einer vernünftigen Verfassung und dauerhaften Consistenz zu verhelfen; wiewohl dies eine schwer und in den nächsten Zwanzig oder dreissig Jahren kaum mögliche Unternehmung ist.«

Christoph Martin Wieland an Charlotte Wilhelmine Gessner, Oßmannstedt, 8. August 1800

Karl Friedrich Reinhard (1761-1837) war zwischen November 1799 und August 1801 als französischer Gesandter in der Schweiz tätig. Der französische Diplomat deutscher Herkunft hatte eine schwierige Aufgabe zu bewältigen: Einerseits galt es, die Interessen Frankreichs wirksam durchzusetzen. Andererseits sollte dabei die Souveränität der Schweiz bei politischen Entscheidungen wenigstens nach außen hin gewahrt werden. Übel nahm man ihm auf französischer Seite vor allem die Neigung, mit den eher gemäßigten Kräften zu kooperieren.

Den Brief adressire künftig immer nach Thun.

Heinrich von Kleist an Ulrike von Kleist, Thun, 19. Februar 1802

3. Thun – »chef-lieu« des »Cantons Oberland«

Am 12. März 1798 wurde im Gefolge des Einmarschs der französischen Truppen und als Zeichen der neuen Zeit der erste Freiheitsbaum auf dem Thuner Rathausplatz errichtet. Laut Beschluss der Thuner Wahlmänner, die sich vom 29. bis 31. März 1798 hierüber beraten hatten, wurde die Stadt schon kurz danach zum neuen »chef-lieu« des von 1798 bis 1803 bestehenden »Cantons Oberland«. Dieser wurde seinerseits in zehn Distrikte mit insgesamt etwa 44.000 Bewohnern aufgeteilt: Saanen, »Le Haut Simmenthal« (Zweisimmen), »Le Bas Simmenthal« (Erlenbach), Frutigen, Aeschi, Thun, Unterseen, Interlaken (Wilderswil), Brienz und Oberhasli (Meiringen). Mit der Annahme des napoleonischen Erlasses der Mediationsakte, die den Verfassungskonflikt zwischen Unitariern und Föderalisten in der Helvetischen Republik beendete, kehrte das ganze Gebiet 1803 schließlich vergleichsweise unspektakulär wieder in die früheren Grenzen des Kantons Bern zurück.

Heinrich von Kleist hielt sich also trotz seines selbstgewählten Inseldaseins geradezu im Zentrum des politischen Geschehens auf. Wenig verwunderlich ist es daher auch, dass er die Unruhen im Simmental im Februar 1802, den Einzug französischer Truppen am 16. März 1802 in Thun und das Scheitern des Schweizer Widerstandes, verkörpert durch den Sturz des Landammanns Aloys Reding am 17. April 1802, als bedenkliche Phänomene einschätzte. So schrieb er am 2. März 1802 an Heinrich Zschokke: »es sind bereits Franzosen hier eingerückt, u nicht ohne Bitterkeit habe ich ihrem Einzuge beigewohnt.«

Abb. S. 29: Sammlung Schlossmuseum Thun.

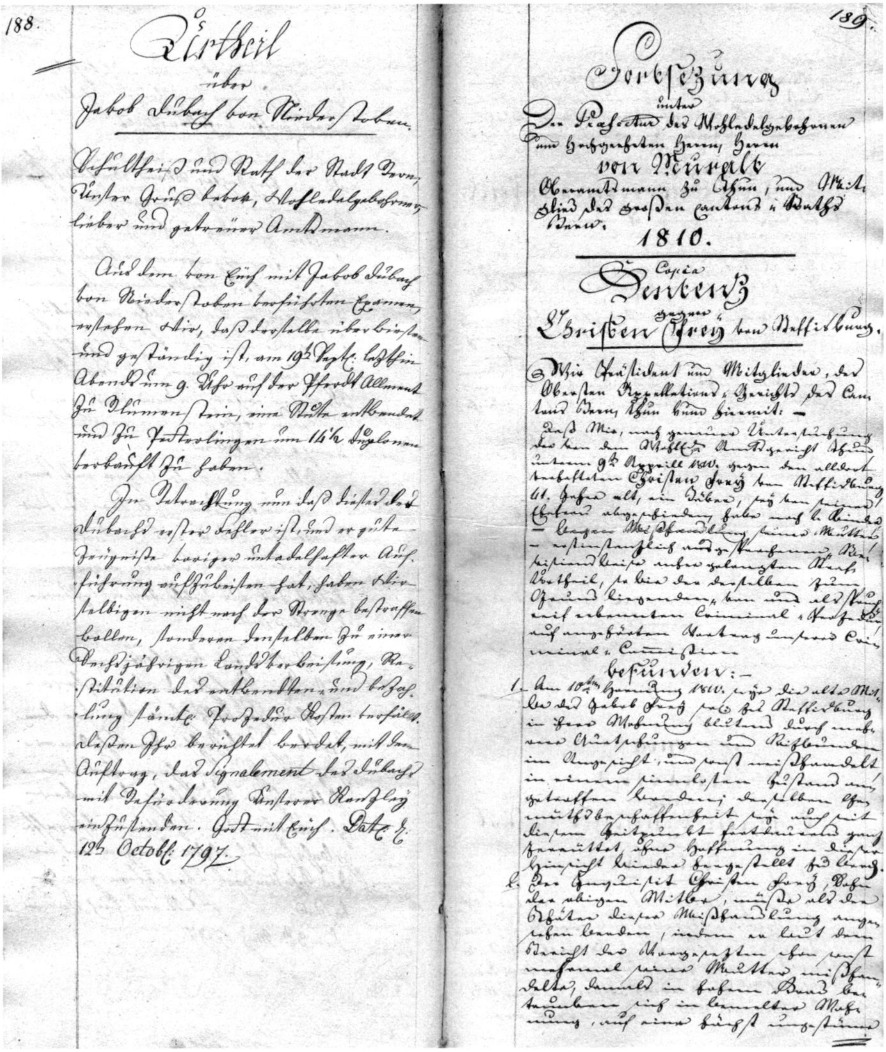

Turmbuch Schloss Thun

Augenfällig wird am Turmbuch Nr. 3 aus dem Schloss Thun die Störung der bisherigen Ordnung durch die Ereignisse ab 1798. Bis dahin hatte im Staat Bern eine Prozessordnung nach mittelalterlichem Recht gegolten. Die Protokolltätigkeit brach mit dem Beginn der Helvetik ab und setzte erst 1810 wieder ein. Der Gerichtsvorsitz oblag nun dem vom Kanton und Rat von Bern eingesetzten Oberamtmann.

Gnädigste Tante! Was soll ich Ihnen zuerst beschreiben, zuerst erzählen? Soll ich Ihnen den Anblick schöner Gegenden, oder den Anblik schöner Städte, den Anblick prächtiger Paläste oder geschmackvoller Gärten, fürchterlicher Kanonen oder zahlreicher Truppen zuerst beschreiben. Ich würde das Eine vergeßen u das Andere hinschreiben, wenn ich Ihnen nicht von Anfang an alles erzählen wollte. Ich fahre also in der Beschreibung meiner Reise fort. […]

Der erste überhaupt von Kleist überlieferte Brief
an Auguste Helene von Massow, Frankfurt/Main, 13./18. März 1793

4. Kleist – fern von der Heimat

Nach dem am 4. April 1799 erfolgten Abschied vom Militär beginnt für Kleist buchstäblich ein bewegtes Leben. Zur Ruhe kommt er kaum mehr, und wenn, dann jeweils nur für sehr kurze Zeit: Die physische wie psychische Unrast wird je länger, desto offenkundiger zur Signatur seines Werdegangs. Zwar berichtet er am 16. Dezember 1801 seiner Schwester Ulrike, dass er nun, in Basel angelangt, »das Ziel« seiner Reise erreicht habe. Freilich hatte er allein in diesem Jahr, von Berlin her kommend, bereits Dresden, Leipzig, Göttingen, Straßburg, Paris und Frankfurt am Main bereist. In Basel blieb er am Ende nicht einmal vierzehn Tage. Schon um die Weihnachtszeit 1801 meldet er sich aus Liestal und Bern. Der erste Brief aus Thun stammt vom 1. Februar 1802, wo er – allen hochfliegenden Plänen zum Trotz – doch nur bis zum Frühsommer bleibt, um sich nach einer in Bern zwei Monate lang auskurierten Krankheit im Herbst 1802 wiederum Richtung Weimar aufzumachen. Seine vollmundige Behauptung: »Ich werde wahrscheinlicher Weise niemals in mein Vaterland zurückkehren« (an Wilhelmine, 20. Mai 1802), erwies sich als Illusion.

Zwei Frauen

Zu den wichtigsten uns bekannten Bezugspersonen Heinrich von Kleists zählen in der Schweizer Zeit seine Halbschwester Ulrike und seine Verlobte Wilhelmine von Zenge. Beide sind jedoch weit entfernt in Frankfurt/Oder und allein über den langen Postweg zu kontaktieren. Während Kleist von der Braut zunächst vor allem erwartet, dass sie ihm nach Thun nachfolgt, zeigt sich das gänzlich anders geartete Verhältnis zu Ulrike in den Briefen aus Basel, Bern und Thun deutlich: Ihr gegenüber legt er bemerkenswert präzise Rechenschaft ab über seine Pläne und Hoffnungen, aber auch über seine notorischen Geldsorgen.

Abbildungen S. 31:
Links: Ulrike von Kleist, Miniatur (Wasserfarben), Bildarchiv Preußischer Kulturbesitz.
Rechts: Wilhelmine von Zenge, Miniatur (Wasserfarben, um 1800/01), Bildarchiv Preußischer Kulturbesitz.

Ulrike von Kleist

Zu Philippine Ulrike Amalie (1774-1849), seiner Halbschwester aus der ersten Ehe Joachim Friedrich von Kleists mit Karoline Luise von Wulffen, pflegte Heinrich zeitlebens einen recht engen Kontakt. Sie war es, die ihn – bevorzugt in Männerkleidung – 1801 nach Paris begleitete, ihm aber auch nahelegte, weniger Bier zu trinken, »um heitrer zu werden«. Als Erste erfuhr Kleists »liebes Ulrikchen« in Paris wohl, dass er sich auf Dauer in der Schweiz ansiedeln wollte. Dabei sollte sie ihn praktisch, und das bedeutete: finanziell, unterstützen. Mit pathetischen Worten forderte Heinrich sie am 12. Januar 1802 dazu auf, sein restliches »Capital« anzuweisen und ihm damit »das Leben« zu »retten«. Im Herbst 1802 holt Ulrike ihn nach dem Aufenthalt in Thun und Bern aus der Schweiz zurück. Allem Anschein nach vermochte es Ulrike stets – und anders als andere Familienmitglieder –, die Stimmungs- und Meinungsschwankungen des Bruders mit einer gewissen Gelassenheit zur Kenntnis zu nehmen. Viel später – am 21. November 1811 – wird es Ulrike sein, die im Abschiedsbrief des Bruders lesen muss: »die Wahrheit ist, daß mir auf Erden nicht zu helfen war.«

»Mein liebes Ulrikchen, zurückkehren zu Euch ist, so unaussprechlich ich Euch auch liebe, doch unmöglich, unmöglich. Ich will lieber das Äußerste ertragen – Laß mich. Erinnre mich nicht mehr daran. Wenn ich auch zurückkehrte, so würde ich doch gewiß, gewiß ein Amt nicht nehmen. Das ist nun einmal abgethan. Dir selbst wird es einleuchten, daß ich für die üblichen Verhältnisse gar nicht mehr passe. Sie beschränken mich nicht mehr, so wenig wie das Ufer einen anschwellenden Strom. Laß das also für immer gut sein. – Und dann, ich will ja, wohlverstanden, Deinen Willen thun, will ja hineintreten in das bürgerliche Leben, will ein Amt nehmen, Eines, das für bescheidne Bedürfnisse gewiß hinreicht, u das noch dazu vor allen andern den Vorzug hat, daß es *mir* gefällt –«

Brief an Ulrike von Kleist, Bern, 12. Januar 1802

Wilhelmine von Zenge

Trotz einiger Bedenken hatte sich die preußische Generalstochter Wilhelmine von Zenge, wohl im Frühsommer 1800, auf eine Verlobung mit dem jungen Mann ohne feste Anstellung eingelassen. In der Folgezeit traktierte Kleist sein »liebes Minchen« (30. August/1. September 1800) verschiedentlich mit »Denkübungen« bzw. »wechselseitige[n] Übunge[n] in der Beantwortung zweifelhafter Fragen« (30. Mai 1800). Damit meinte er zum Beispiel Fragen wie: »Welche Eifersucht stört den Frieden in der Ehe?« Dank der zahlreichen Briefe, die Kleist von seinen Reisen an sie schickte, ist man vergleichsweise gut über beider Verhältnis orientiert. Es ist offenkundig, dass sich Wilhelmine von vornherein weitgehend verständnislos gegenüber Heinrichs Bestreben zeigte, mit ihr gemeinsam in die Schweiz zu übersiedeln. Bäuerin wollte sie nicht werden. Irritiert hiervon mutmaßte Heinrich seinerseits, dass die tiefere Ursache für ihr wahres oder nur vorgeschütztes Unbehagen »Dein städtisches Leben« sein könnte (2. Dezember 1801). Mit der Bitte »Liebes Mädchen, schreibe mir nicht mehr« trennt sich Kleist in einem Brief vom 20. Mai 1802 von ihr. Als äußeres Zeichen dafür gaben beide augenscheinlich das Porträt des anderen zurück.

»Ich werde wahrscheinlicher Weise niemals in mein Vaterland zurückkehren. Ihr Weiber versteht in der Regel ein Wort in der deutschen Sprache nicht, es heißt Ehrgeiz. Es ist nur ein einziger Fall in welchem ich zurückkehre, wenn ich der Erwartung der Menschen, die ich thörigter Weise durch eine Menge von prahlerischen Schritten gereizt habe, entsprechen kann.«

Brief an Wilhelmine von Zenge, Leipzig, 20. Mai 1802

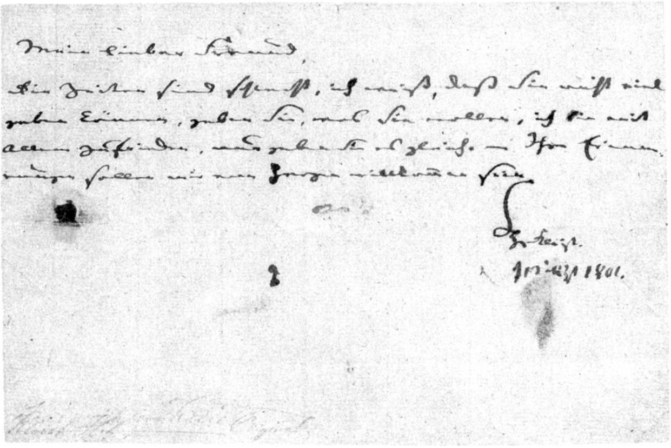

Mein lieber Freund, Die Zeiten sind schlecht, ich weiß, daß Sie nicht viel geben können, geben Sie, was Sie wollen, ich bin mit Allem zufrieden, nur geben Sie es gleich. – Ihre Erinnerungen sollen mir von Herzen willkommen sein.

An Georg Andreas Reimer, Berlin, 13. August [1810]

Seitenblick 2: Lebenskonstanten – chronische Krisen und finanzielle Nöte

Auch wenn der Brief scheinbar ganz deutlich aus der Zeit unmittelbar vor Kleists Schweizer Reise stammt und der chronische Geldmangel den Dichter fast zeitlebens begleitet hat, nimmt man in der Kleist-Forschung an, dass ihm bei der Jahreszahl ein Zahlendreher unterlaufen ist. Auf der Rückseite des diagonal gefalteten Briefes findet sich nämlich die teilweise getilgte Anrede »HE. Buchh. Reimer«. Mit dem beinahe gleichaltrigen Berliner Verleger Georg Andreas Reimer (1776-1842) unterhielt Kleist erst in den Jahren 1810 und 1811 intensive Kontakte. Flehentliche Bitten um finanzielle Unterstützung in akuten Notlagen, die er mit dem Drängen auf schnelle Publikation seiner Arbeiten verknüpfte, richtete Kleist gleich mehrfach an ihn. Auf die in diversen Briefen der Jahre 1810 und 1811 vorgetragene Botschaft »meine Casse ist leer« (4. September 1810) reagierte der Verleger vergleichsweise großzügig, indem er dem Dichter seit dem Frühjahr des Jahres 1810 Vorschüsse auf unvollendete Arbeiten gewährte. Bei Reimer erschienen 1821 auch Kleists *Hinterlassene Schriften,* die Ludwig Tieck herausgab. Diese Ausgabe begründete den Nachruhm des Dichters.

Der Graphologe, Verleger und Redakteur Adolf Henze (1814-1883) meinte, dass sich die Briefe Kleists wie auch die vieler anderer Autoren jenseits ihrer eigentlichen Inhalte vor allem als Spiegel der Seele, der hervorstechendsten Charakterzüge und Eigenschaften, kurzum: als Psychogramme, verstehen lassen sollten. In seinem im Jahr 1855 in Leipzig erschienenen Bändchen *Die Handschriften der deutschen Dichter und Dichterinnen mit 305 Facsimile's* deutete er Kleists Schrift folgendermaßen: »Trüb dahin schleichende, in sich versteckte Buchstaben, die den Gram nicht aussprechen!«. In zeittypischer Manier erklärte er damit Heinrich von Kleists Art zu schreiben durch einen ihm »angeborene[n] Gemüthsernst«, der durch die politischen Verhältnisse noch verstärkt worden sei.

Ich habe mir eine Insel in der Aare gemiethet, mit einem wohleingerichteten Häuschen, das ich in diesem Jahre bewohnen werde, um abzuwarten, wie sich die Dissonanz der Dinge auflösen wird.

Heinrich von Kleist an Heinrich Zschokke, Thun, 2. März 1802

5. Kleist in Thun – der Traum vom einfachen Leben

Die Informationen über Kleists Aufenthalt in Thun stammen fast ausschließlich von ihm selbst. Erhalten sind lediglich einige, allerdings aussagekräftige Briefe an Ulrike von Kleist, Heinrich Zschokke und Wilhelmine von Zenge. Nachdem Kleist mehrere Güter angesehen hatte, wollte er nach seiner Darstellung im Januar 1802 ein Landgut in der Nähe von Thun kaufen, um dort die Landwirtschaft zu erlernen. Angesichts der politischen Wirren entschied er sich jedoch dagegen und wohnte vorübergehend an einem unbekannten Ort nahe der Stadt. Schließlich konnte er, vermutlich ab April 1802, ein »ganz einsames Häuschen« (an Wilhelmine von Zenge, 20. Mai 1802) auf der oberen Aare-Insel vor den Toren der Stadt mit ihrem grandiosen Blick auf das Berner Oberland mieten. Zu dieser Zeit gehörte das »Inseli« dem Berner Landvogt Niklaus Samuel Rudolf Gatschet (1736-1817), dessen Ehefrau Elisabeth Magdalena DeLosea es von ihrem Vater geerbt hatte.

Dort widmete sich Kleist vor allem der Schriftstellerei. Ein junger Mann aus seinem Thuner Umfeld berichtete hierüber sichtlich irritiert: »Er hatte auf einer Insel der Aar ein kleines Landhaus dem unsrigen gegenüber gemietet; er brütete über einem Trauerspiel, in dem der Held auf der Bühne an der Pest stirbt. Oft sahen wir ihn stundenlang in einem braunen Curé auf seiner Insel, mit den Armen fechtend, auf und ab rennen und deklamieren.«

Die Tochter einer benachbarten Fischerfamilie scheint ihm im Haushalt behilflich gewesen zu sein. Bei Kleists Behauptung, während ihres Kirchbesuchs am Sonntag besteige er das Schreckhorn, kann es sich freilich nur um eine Erfindung handeln: Das Schreckhorn läge dafür viel zu weit weg von Thun, und auch das nahe Stockhorn ist keineswegs so rasch zu erklimmen. Wegen seiner Erkrankung verließ Kleist die Insel wohl bereits Ende Juni 1802 wieder. Zwischen Juli und September 1803 scheint er erneut mehrmals auf der Insel gewesen zu sein.

Jakob Samuel Weibel: Ansicht der Stadt Thun, 1793, Kunstmuseum Thun.

Ich wohne in diesem Örtchen, so wohlfeil, als Du es nur erdenken könntest.

Heinrich von Kleist an Ulrike von Kleist, Thun, 19. Februar 1802

Thun als Wohnort und Reiseziel

Kleist berichtet in den Briefen der Thuner Zeit eher bruchstückhaft von den dortigen Gegebenheiten: Namentlich sein Ansiedlungsvorhaben gestaltete sich aufwendiger als erwartet, so dass er zunächst provisorisch »nahe am Thore« wohnte (an Zschokke, 1. Februar 1802). Welches der sieben Thuner Stadttore (Allmendtor, das Alte Tor, Berntor, Burgtor, Lauitor, Scherzligtor, Schwäbistor) damit tatsächlich gemeint war, lässt sich nicht zweifelsfrei klären. Dennoch spricht einiges dafür, dass Kleist in der Nähe des Scherzligtores wohnte. In der Folge besichtigte er »mehrere Güter«, die außerhalb des Stadtgebiets gelegen waren; von einem »Gute zu Gwat«, gemeint war damit ein zu diesem Zeitpunkt unbebautes Grundstück in der südlich von Thun gelegenen Siedlung, ist im selben Brief sogar explizit die Rede. Kleists Hinweise auf seine neue Lebenswelt bleiben ansonsten bemerkenswert unspezifisch: Abstrakte

Johann Jakob Wetzel: Blick vom Kleisthaus nach Scherzligen, o.J., Kunstmuseum Thun.

Formeln wie »Die Natur ist hier, wie Sie wissen, mit Geist gearbeitet« zeugen von einer eher distanzierten Landschaftswahrnehmung. Und dass die winterliche Natur »wie eine 80jährige Frau« aussieht, stellte er sowohl beim Blick auf Basel wie auf Thun fest (an Ulrike, 16. Dezember 1801/19. Februar 1802).

Blass bleiben aber auch die Beschreibungen der ihn unmittelbar umgebenden Menschen: Zwar redet er des Öfteren vom Schweizer Volk bzw. der Nation als Kollektiv, etwa bei der »Erbitterung der Schweizer gegen diese Affen der Vernunft« – gemeint sind die Franzosen (an Ulrike von Kleist, 18. März [1802]). Einzelne Schweizer jedoch geraten ihm – sieht man einmal von der Familie Gessner ab – kaum in den Blick. Die »Fischerfamilie«, mit der er sich das Inseli teilt, bleibt im Brief an die Schwester namenlos, und als »Taufname[n]« des Mädchens, das ihm im Haushalt zur Hand geht, gibt er »Mädeli« an. An anderer Stelle betont er eigens: »außer den Güterverkäufern kenne ich nur Wenige, etwa den Hauptm. Muelinen u seinen Hofmeister, angenehme Männer« (an Zschokke (s.o.)). Das klingt beiläufig vage, und mit einiger Wahrscheinlichkeit diente es dazu, seiner Berichterstattung eine gewisse Unschärfe zu verleihen, um Nachfragen nach dem Ungesagten von vornherein zu vermeiden.

Eigentümerin: Gottfried Keller-Stiftung.
Foto: Christian Helmle.

Das Thun-Panorama von Marquard Wocher

Im Schadaupark in Thun, direkt an den Gestaden des Thunersees gelegen, wird seit 1961 das große historische Panoramabild der Stadt Thun von Marquard Wocher präsentiert. Das riesige Rundgemälde von 7,5 m Höhe und 38 m Länge war 1814 das erste schweizerische und ist heute das weltweit älteste erhaltene Werk seiner Art.

Neben seiner herausragenden kunsthistorischen Bedeutung liefert das Panorama ein dokumentarisches Zeitbild erster Güte für das beginnende 19. Jahrhundert. Es zeigt präzise, wie Thun zur Zeit Kleists aussah und wie die Leute damals lebten.

Marquard Wocher – ein Zeitgenosse Kleists

Marquard Wocher, 1760 in Süddeutschland geboren, war ein Schüler des berühmten Kleinmeisters Johann Ludwig Aberli und befreundet mit Franz Niklaus König. Er beschäftigte sich vor allem mit Stadt- und Landschaftsdarstellungen sowie Miniaturporträts. Wocher lebte ab 1782 in Basel, um 1800 reiste er mehrmals ins Berner Oberland. Er begann mit Skizzen und Aquarellen zur Stadt Thun und baute 1808 im Sternengässchen in der Basler Altstadt einen Rundbau. In fünfjähriger Arbeit realisierte er dort bis 1814 das riesige Panoramabild der Stadt Thun. Das Unternehmen plante Wocher durchaus zu kommerziellen Zwecken, aber der erhoffte große Erfolg blieb aus. 1829 versuchte Wocher vergeblich, das Panorama zu versteigern. Verarmt und einsam starb er 1830.

10692 Thun - Kleisthaus - Scherzligen

Auf dieser Insel
wohnte der Dichter
HEINRICH von KLEIST
1802 – 1803

Heinrich von Kleist-Denkmal

Abb. oben: Plakat der Veranstaltungsreihe
»Kleist in Thun 2011« (Gestalter: Peter Gärtl)
Abbildungen S. 40, von oben nach unten:
Postkarte »Kleist-Haus Scherzligen«, o.J., Stadtarchiv Thun;
Gedenktafel »Kleist-Haus«, Thun (Aufnahme: Jürg Kobel);
Kleist-Denkmal, Thun (Aufnahme: Jürg Kobel).

Postkartengrüße mit Kleist

Thun galt in der zweiten Hälfte des 19. Jahrhunderts für einige Jahrzehnte als erstklassiger Schweizer Tourismusort, vergleichbar mit Luzern, Montreux oder Lugano. Verschiedene Postkarten aus der Zeit um 1900 belegen, dass auch der mittlerweile berühmt gewordene Heinrich von Kleist in den Dienst der touristischen Vermarktung Thuns gestellt wurde. 1899 brachte man zudem eine Gedenktafel an der südlichen Ufermauer des »Kleist-Hüslis« an, die heute noch vorhanden ist. Die Bronze-Plastik »Denkmal für Heinrich von Kleist« von Urban Thiersch (1916-1984) ist im Jahr 1980 entstanden und wurde im September 1983 auf dem Kleist-Inseli errichtet.

Gewinne Deinen Rousseau so lieb wie es Dir immer möglich ist, auf diesen Nebenbuhler werde ich nie zürnen.

Heinrich von Kleist an Wilhelmine von Zenge, Berlin, 14. April 1801

Kleist als Rousseau-Leser

Zeitgenössische Rousseau-Rezeption

Wie kaum ein anderer Denker hat Jean-Jacques Rousseau seine Leserschaft irritiert und provoziert, aber auch zur Nachfolge ermuntert. Namentlich in den zwischen 1752 und 1762 entstandenen Schriften, allen voran im Erziehungsroman *Émile* und der theoretischen Schrift *Du Contrat Social*, zeigt Rousseau die Größe, Grenzen und Konsequenzen aufklärerischen Denkens. Pädagogischen Themen gilt dabei sein besonderes Augenmerk. Als sein langfristig wirksamstes Hauptwerk muss freilich *Du Contrat Social ou Principes du Droit Politique* (zuerst: 1762) gelten. Mit den Überlegungen zu den Strukturen und Prinzipien des Zusammenlebens von Individuen formuliert der Autor hier die theoretische Basis für die demokratische Verfasstheit heutiger Staaten.

Einer späteren Schaffensphase gehört der zunächst indizierte, auf dem Buchmarkt des 18. Jahrhunderts jedoch unvergleichlich erfolgreiche Briefroman *Julie ou La Nouvelle Héloïse* (1761) an. Indem Rousseau sein Liebespaar gemeinsam und getrennt schwere Zeiten durchleben lässt, bekennt er sich nachdrücklich zur Liebesehe. In den 1760er und 1770er Jahren verlegte sich der Autor zusehends auf autobiographisches Schreiben. Seine legendären *Confessions* zählen ebenso dazu wie *Les rêveries du promeneur solitaire* (1776-1778).

Jean-Jacques Rousseau. Kupferstich von Jean Edme Nochez
nach einer Vorlage von Allan Ramsay, Paris [1769].
Zentralbibliothek Zürich, Graphische Sammlung, Rousseau, Jean Jq. 1,1.

Der Herbstsonntag auf der St. Petersinsel

Unter dem Titel *Die Peters-Insel im Bielersee* war im Jahr 1795 ein vom Berner Zeichner und Kupferstecher Franz Sigmund von Wagner (1759-1835) verfasstes und mit neun kolorierten Kupferstichen ausgestattetes Bändchen über das Refugium Rousseaus erschienen. In seiner Bilderklärung zitiert der anonym bleibende Autor des *Helvetischen Almanachs* ausführlich aus dieser Vorlage: »Biels schlank gewachsene Töchter und die in allen Reitzen der Jugend und Schönheit blühenden Bernerinnen« faszinieren ihn (wie offenbar zuvor schon Wagner) ebenso wie die »durch ihre reitzende Lage und durch Rousseau's Aufenthalt merkwürdige [...] Insel«. Es ist nicht überliefert, ob Heinrich von Kleist die Insel jemals besucht hat. Wegen der geographischen Nähe zu Bern ist dies aber nicht gänzlich auszuschließen.

»Der Vater hat mir von zwei Töchtern eine in mein Haus gegeben, die mir die Wirthschaft führt: ein freundlich-liebliches Mädchen, das sich ausnimmt, wie ihr Taufname: Mädeli. Mit der Sonne stehn wir auf, sie pflanzt mir Blumen in den Garten, bereitet mir die Küche, während ich arbeite für die Rückkehr zu euch; dann essen wir zusammen; Sonntags zieht sie ihre schöne Schwyzertracht an, ein Geschenk von mir, wir schiffen uns über, sie geht in die Kirche nach Thun, ich besteige das Schreckhorn, u nach der Andacht kehren wir beide zurück. Weiter weiß ich von der ganzen Welt nichts mehr. Ich würde ganz ohne alle widrigen Gefühle sein, wenn ich nicht, durch mein ganzes Leben daran gewöhnt, sie mir selbst erschaffen müßte.«

Brief an Ulrike von Kleist, Thun, 1. Mai 1802

Heinrich von Kleist gehört nachweislich zu denen, die sich sehr grundsätzlich von Rousseaus Werken sowie von seiner Lebensweise haben inspirieren und begeistern lassen. Im Briefwechsel mit seiner Verlobten tritt dies überdeutlich zutage. Darin versucht er immer wieder, die von Rousseau vorgegebenen Erziehungsideale weiblicher Bildung in die Tat umzusetzen und ihr zudem die Lektüre der Schriften Rousseaus nahezulegen. Auch Kleists Aufenthalt auf dem Inseli in Thun wirkt von dieser Perspektive her wie eine lebensweltliche Imitation der teilweise ja fiktionalen Vorgaben Rousseaus. Mit anderen Worten: Kleist ahmt Rousseaus Leben auf der St. Petersinsel im Rahmen seiner Möglichkeiten, aber mit vergleichbarem Anspruch nach. Dazu konnte er sich namentlich vom fünften »Spaziergang« der

Helvetischer Almanach für das Jahr 1802. Zürich [1801], [o.S.].
Zentralbibliothek Zürich: Apz 523, nach S. 130, Vorlage von Franz Niklaus König.
Der Kupferstich wird folgendermaßen erläutert (S. 212): »Es ist Landessitte, daß im Herbst während der Weinlese die Bewohner der Ufer des Bielersees sich an Sonntagen auf die sogenannte Petersinsel, welche in der Mitte dieses Sees liegt, begeben, um daselbst dem gütigen Bacchus zu ihren Ehren Feste der Fröhlichkeit zu feyern.«

Träumereien anregen lassen. Denn dort findet sich das für »einsame Denker« so bedeutsame Lob der (stets recht relativen) Zivilisationsferne und des Selbstversorgens. Die Insel ist Zufluchts- und Sehnsuchtsort zugleich.

Und wenn bei Rousseau die Rede davon ist, dass er anstelle von nur »zween Monate[n]« gern auch »zwei Jahre, zwei Jahrhunderte, die ganze Ewigkeit« dort geblieben wäre, dann lässt sich noch heute ahnen, was den ruhebedürftigen Kleist so sehr reizte, auch für sich selbst eine solche ›Insel‹ erobern zu wollen.

Kleist und das Landleben

»Ich will im eigentlichsten Verstande *ein Bauer* werden, mit einem etwas wohlklingenderen Worte, ein Landmann. – Was meine Familie u die Welt dagegen einwenden mögte, wird mich nicht irre führen. Ein jeder hat seine eigne Art, glücklich zu sein, u niemand darf verlangen, daß man es in der seinigen sein soll. Was ich thue, ist nichts Böses, und die Menschen mögen über mich spötteln so viel sie wollen, heimlich in ihrem Herzen werden sie mich ehren müssen. – Doch wenn auch das nicht wäre, ich selbst ehre mich. Meine Vernunft will es so, u das ist genug.«

Heinrich von Kleist an Wilhelmine von Zenge, Paris, 10. Oktober 1801

»Berner Bauernmädchen auf dem Lande.
Da eben kommt dasselbe vom Felde zurück, trägt in der Rechten einen Karst, in der Linken einen Korb voll Erdäpfel; die Frucht seines Sommer-Schweißes und seine Nahrung im Winter. Die Schürze hat es hoch aufgebunden; es läßt sich auf diese Weise bequemer arbeiten. Ein liebes braves Kind, dieses Land-Mädchen!«

»Berner Bauern-Mädchen in der Stadt.
Das einfältige Kind hatte einstens gehört, daß es in der Stadt gar lustig zu- und hergehe, und sogleich gieng es dahin und ließ sich zum Dienstmädchen dingen. Nun mußte es freilich keine Erdäpfel mehr graben, und keine Schweine mehr füttern. – – Bald gab es auch Liebchen vollauf; – – hübsche Herrchen und andere! Die steckten ihm dann – – Der Eine heute ein seidenes Käppchen, der Andere morgen ein sammtnes Mieder, dieser eine köstliche Schürze, jeder ein Röckgen schön und ganz nach der Mode. Das war eine Herrlichkeit! Aber das Röschen verblühte, ein Wurm zernagte Rose und Blätter, – – und dahin waren Schönheit, Gesundheit und – die – Liebchen. Itzt würdest du gerne wieder ins Dorf zum groben Röckgen und den Erdäpfeln zurückkehren; aber im Dorf da will niemand das veränderte Mädchen mehr kennen und aufnehmen.«

Links: Helvetischer Almanach für das Jahr 1802. Zürich [1801], [o.S.].
Zentralbibliothek Zürich: Apz 523, Vorlage von Franz Niklaus König.
Rechts: Helvetischer Almanach für das Jahr 1802. Zürich, S. 206.
Zentralbibliothek Zürich: Apz 523.

Sehr deutlich manifestiert sich hier der Standpunkt des Urhebers, der die üblichen Argumente der Luxus-Diskurse des 18. Jahrhunderts wieder aufnimmt, um den in jeder Hinsicht verderblichen Einfluss des Stadtlebens belegen zu können. Propagiert wird derart vor allem das einfache, unverdorbene und (vermeintlich) nicht von den eigenen Wurzeln entfremdete Landleben.

Helvetischer Almanach für das Jahr 1802. Zürich [1801], S. 200f.
Zentralbibliothek Zürich: Apz 523.
Vorlage von Franz Niklaus König.

»Eine Bauern-Wohnstube.
Hier wohnen Hühner, Katze und Menschen friedlich beysammen. Der von mehrern Sandsteinplatten aufgeführte Ofen dient im Sommer zur Rumpelkammer, wo kleine Mobilien jeder Art, die man eben gebraucht hat oder brauchen will, hingestellt werden. Im Winter sitzt hingegen oft die ganze Familie auf demselben, und bratet sich Füße, Beine und andere Parthien des Leibes bis zum Brennen. Ein Kleiderkasten steht gewöhnlich nahe bey dem lieben Wärmespender; männliche und weibliche Wäsche und Kleider liegen und hängen darin in vertraulichster Eintracht neben- und übereinander. Oben darauf zeigt sich die sehr compendieuse Bibliothek der Bewohner, bestehend in einer Bibel, einem Psalter und Gebetbuch. Derselben angereiht erblickt man aber auch etwas Trostgebendes für den Nachbar des Herzens – den Magen; denn aus der papiernen Halskrause, welche den Hals einer wohlbeleibten Flasche zieret, läßt sich wohl ziemlich richtig vermuthen, es stecke irgend ein Goldenmutter- oder ander dergleichen Wässerchen im gläsernen Gefässe, welches, als stattlicher Flügelmann, zur Rechten der kleinen Leib- und Seelen-Hülfstruppe paradiert. An einer Stange, hoch um den Ofen herum, schwebt neben hingeworfenen Ueberhemden und Leintüchern, auch eine auf den Kopf gestellte leere Kaffeekanne, schon die unentbehrlichste, wahrscheinlich aber auch die einzige Geräthschaft der meisten Bauernhäuser und Bauernhütten.«

Jakob Gujer. In: Helvetiens berühmte Männer in Bildnissen dargestellt von Heinrich Pfenninger, Mahler, nebst kurzen biographischen Nachrichten von Leonhard Meister. Dritter und lezter Band. Fünftes und letzes Heft. Zürich; Winterthur 1793, nach S. 32. Zentralbibliothek Zürich: Gal Sp 144.

Aufgeklärte Landwirtschaft

Jakob Gujer, gen. Kleinjogg (1716-1785), galt seinen Zeitgenossen als philosophierender Bauer. Seine in jeder Hinsicht bedachtsame und auf eine asketische Lebensweise abzielende »Wirthschaft« im Zürcher Oberland wurde durch eine Publikation Hans Caspar Hirzels aus dem Jahr 1761 europaweit bekannt gemacht. Zu Kleists Zeit machte besonders das von Philipp Emanuel von Fellenberg (1771-1844) bewirtschaftete landwirtschaftliche Mustergut »Wilhof« bzw. »Hofwil« (bei Münchenbuchsee) Furore. Der Pestalozzi-Schüler Fellenberg versuchte dort, zeitgenössische pädagogische Ideale mit aktuellen naturwissenschaftlichen und technischen Erkenntnissen zu verknüpfen. In seiner sog. »Erziehungsrepublik« sollten die Ständeschranken somit durch ein ausgeklügeltes System ganzheitlicher Bildung überwunden werden.

(o. Abb.)
Oekonomische Blätter für den Landmann in Bünden. Herausgegeben von der ökonomischen Gesellschaft des Kantons Graubünden. [o.O.] 1804.
Die gerade einmal 31 Seiten umfassende kleinformatige Broschüre zeigt, mit welchen Problemen Bauern im Alltag zu kämpfen hatten: die »Ausrottung der Mayenkäfer« beschäftigte sie ebenso wie die Sicherung der Reben vor Nachtfrösten. Als eine Konsequenz der verbreiteten volksaufklärerischen Bestrebungen konnten in dieser handlichen Form neue agrarwissenschaftliche Erkenntnisse Einzug in den Arbeitsalltag halten, vorausgesetzt natürlich, dass der angesprochene Adressatenkreis des Lesens kundig war.
Zentralbibliothek Zürich: 1804/17.

(o. Abb.)
Albrecht Thaer: Einleitung zur Kenntniß der englischen Landwirthschaft und ihrer neueren practischen und theoretischen Fortschritte in Rücksicht auf Vervollkommnung teutscher Landwirthschaft für denkende Landwirthe und Cameralisten [...]. Hannover: Gebrüder Hahn, 1804. 3. Band.

Albrecht Thaer (1752-1828) gilt als der Begründer einer systematischen Agrarwissenschaft. Seit 1804 in preußischen Diensten, entwickelte er auf dem Gut Möglin seine »Grundsätze der rationellen Landwirtschaft«, in denen Aspekte der vom jeweiligen geographischen Umfeld abhängigen Ertragssteigerung von Getreidepflanzen ebenso berücksichtigt werden wie die Veredlung von Nutztieren. Thaers Credo, dass Theorie und Praxis sinnvoll verknüpft werden müssen, um in den »Erfahrungswissenschaften« Erfolge erzielen zu können, hat sich in jeder Hinsicht bewährt. Kleist notiert im Brief vom 12. Januar 1802 an seine Schwester, dass er »einige landwirtschaftliche Lehrbücher« gelesen habe. Mit sehr hoher Wahrscheinlichkeit wird er dabei auch Thaers weithin bekanntes Kompendium studiert haben. Sehr wohl erkannte Kleist zudem die unbedingte Erfordernis, »mit dem Praktischen der Landwirtschaft hinlänglich bekannt« (an Ulrike, 12. Januar 1802) zu sein, um tatsächlich erfolgreich wirtschaften zu können.
Zentralbibliothek Zürich: I Z 263 h

Die im Jahr 1759 in Bern begründete »Oekonomische Gesellschaft« forcierte in volksaufklärerischer Absicht neben anderen Zielen auch die Förderung der Landwirtschaft. Schon 1762 hatte der Schriftsteller und Magistratsangehörige Vinzenz Bernhard Tscharner (1728-1778) einen erheblichen Reformbedarf im Kanton Bern erkannt: Aus seiner Sicht wurden namentlich die Allmenden nicht hinreichend produktiv bewirtschaftet; sie seien »weite Wüsteneyen«, die allein der Weidewirtschaft dienen konnten. Noch im Jahr 1797 wurde die Thuner Allmend folgendermaßen beschrieben: »Eine fast unübersehbare Fläche, die gerade so aussiehet, als ob ihre Besitzer von Landbau und Cultur nur nicht die ersten Begriffe hätten. […] Der grösste Teil derselben ausgedörrt, ausgesogen, mit Maulwurfhügeln und Ameisenhaufen übersät, an vielen Orten mit Haidekraut bewachsen, weil der Dünger meist nur auf dem Melkplatz fällt oder verloren geht.«

Ich werde in einigen Wochen einziehen,
vorher aber noch, Geschäffte halber,
auf ein paar Tage nach Bern kommen.

Heinrich von Kleist an Heinrich Zschokke, Thun, 2. März 1802

Seitenblick 3: Kleist in Bern

Ganz so abgeschieden und naturnah, wie Kleist es seine Korrespondenzpartner glauben machen wollte, lebte er in der Schweizer Zeit durchaus nicht. Und so finden sich u. a. auch verschiedene Hinweise auf seine Aufenthalte in Bern. »[S]chreibe mir nach Bern«, legt er seiner Schwester bereits am 16. Dezember 1801 nahe. Der irritierend gefühlsüberschwängliche Brief Kleists vom 27. bzw. 29. Dezember 1801 an den Maler Lose kommt ebenfalls von dort. Insgesamt fällt es allerdings auf, dass Kleist praktisch nichts von den tatsächlichen Eindrücken, sehr viel mehr aber von seinen Gefühlszuständen mitteilt. Sein zu diesem Zeitpunkt ausgeprägtes Bedürfnis, »ein stilles, dunkles, unscheinbares Leben« zu führen mitsamt dem Gefühl, »daß mich schon die zehn oder zwölf Augen, die auf mich sehen, ängstigen« (an Ulrike am 12. Januar 1802), legt es nahe, dass er die Stadt Bern nicht unbedingt als das letzte Ziel seiner Reise erachtete. Angesichts einer derartigen seelischen Befindlichkeit mag es nachvollziehbar erscheinen, dass er kaum etwas über sie berichtet. Bemerkenswert erscheint es darüber hinaus, dass Kleist bereits bei der Ankunft über verschiedene soziale und freundschaftliche Kontakte verfügte.

Heinrich Zschokke vermittelte ihm »einige« nach eigener Aussage »lehrreiche Bekanntschaften« (an Ulrike, 12. Januar 1802), während er sich »Geschäffte halber« (an Heinrich Zschokke, 2. März 1802) erneut im März 1802 dort aufhielt. Dass es sich zum einen um Geld-»Geschäffte« gehandelt haben könnte, lässt ein Hinweis gegenüber der Schwester im Brief vom 18. März vermuten. In ihm ist nämlich von einem eventuell einzulösenden Wechsel die Rede. Derartige Transaktionen konnten zu dieser Zeit in Bern immerhin vier international tätige Bankhäuser ausführen, deren bekanntestes die Bank Marcuard war, die sich, wie verschiedene andere Schweizer Banken, auch bei der Finanzierung des Sklavenhandels engagierte. »Geschäffte« gänzlich anderer Art tätigte Kleist zudem noch mit dem »Buchhändler« Gessner, der wenig später dann auch sein erster Verleger werden sollte.

Mit der »Diligence« von Bern nach Thun

Zu Kleists Zeit gab es eine sehr gut ausgebaute Postkutschenverbindung von Thun nach Bern: Schon in den 1790er Jahren transportierte die sog. »Fischerpost«, das von Beat Fischer (1641-1698) im späten 17. Jahrhundert begründete Transportunternehmen, mit »Diligencen« (Eilpostkutschen mit vier Plätzen) die Reisenden fünfmal wöchentlich zu festen Zeiten und mit Pferde- und Kutschen-Wechsel in Münsingen. Auch wenn Kleist im Brief vom 1. Mai 1802 an Ulrike betonte, selber »selten von der Insel zu kommen«, so war er doch keineswegs allein: »Zuweilen« besuchten ihn seine Berner Freunde, die mit hoher Wahrscheinlichkeit mit der Postkutsche anreisten.

Kleists Zeche im Berner »Hôtel de Musique«

Seinem Brief vom 2. März 1802 legte Kleist »7 schuldige Batzen« bei, mit denen Heinrich Zschokke »gelegentlich einmal im hôtel de Musique das letzte Mittagsessen« bezahlen sollte. Dieser Sachverhalt verweist – neben dem offenkundig freundschaftlichen Miteinander – auch auf das soziale Umfeld, in dem sich die beiden Männer in Bern bewegten. Das »Hôtel de Musique« war 1769 im Auftrag der Berner »Grande Société« in Form einer eigens dafür gegründeten Aktien-Gesellschaft als reiner Theaterbau konzipiert und errichtet worden. Die Obrigkeit der traditionell theaterskeptischen Stadt verweigerte jedoch die erforderliche Lizenz und erzwang zugleich die Umbenennung von Theater in »Hôtel«. Erst im Gefolge der französischen Okkupation wurde der Bau seinem eigentlichen Bestimmungszweck zugeführt und fortan als »Stadttheater« genutzt: Seit 1798 fanden dort regelmäßig Theater- und Opernaufführungen statt.

Krank in Bern

Im August des Jahres 1802 teilte Kleist seinem Verwandten Wilhelm von Pannwitz (1772-1849) mit, dass er »seit zwei Monaten krank in Bern« und nicht zuletzt hierdurch in finanzielle Nöte geraten sei. Verschuldet war er augenscheinlich beim »Doctor und Apotheker Wyttenbach«. Dabei handelte es sich um den fast gleichaltrigen Carl Wyttenbach (1774-1822), der nach dem Studium in Göttingen als praktischer Arzt und Apotheker tätig war. Die Nachricht von der Erkrankung Heinrichs veranlasste Ulrike von Kleist, ihrerseits nach Bern aufzubrechen, wo sie Mitte September auf den inzwischen genesenen Bruder traf. Noch im Jahr 1828 erinnerte sie sich gern an den gemeinsamen Thun-Besuch, wo die Geschwister »kleine Fußreisen am jenseitigen Ufer« unternahmen und »immer wieder nach unserer Insel« zurückkehrten. Am Ende freilich sei sie doch sehr »froh« gewesen, den unschlüssigen »Heinrich aus der Schweiz raus zu haben« und ihn bei Christoph Martin Wieland in Oßmannstedt gut untergebracht zu wissen.

Und hast Du die Familie Schroffenstein?
Und wer ist der Verfasser: er wird der Dichter unserer Zeit.

Stephan August Winkelmann an Friedrich Karl v. Savigny, Braunschweig, Juli 1803

6. »Die Familie Schroffenstein« – Kleists Erstling

Die Familie Schroffenstein erschien Anfang 1803 anonym im Verlag Heinrich Gessners. Schon während des Paris-Aufenthalts im Jahr 1801 hatte Kleist an seinem Erstlingswerk gearbeitet. Die Vorarbeiten zur Drucklegung erfolgten aber mit großer Wahrscheinlichkeit erst während seines Aufenthalts in Bern im Sommer des Jahres 1802. Dennoch hat er auf die heute als Erstausgabe vorliegende Fassung wohl keinen direkten Einfluss genommen. Deren wenig akribische Gestaltung geht eher auf das Konto seiner Berner Freunde. Aus einem Bericht Heinrich Zschokkes ist zudem bekannt, dass Kleist mit der Deklamation des Werks bei ebendiesen Freunden weniger Bestürzung oder Betroffenheit, sondern vor allem Heiterkeit erregte, was wiederum auch ihn selbst zum Lachen brachte. Ob das schallende Gelächter des Freundeskreises tatsächlich aus der Textbeschaffenheit resultierte oder womöglich aus der Vortragsweise des Autors, lässt sich heute freilich nicht mehr klären.

Das »Trauerspiel in fünf Aufzügen« erfuhr zunächst eine bemerkenswert positive Resonanz. In diversen Zeitschriften wurde es ausführlich und meist wohlwollend rezensiert. Trotz mancher dramaturgischer Schwächen erkannte man das herausragende Talent des bis dahin gänzlich unbekannten Autors. Bereits ein Jahr nach dem Erscheinen, im Januar 1804, wurde das Stück in Graz aufgeführt. Bald nach Kleists Tod jedoch meinte man in den Gewaltexzessen und alttestamentarisch anmutenden Verhaltensweisen vor allem Hinweise auf eine vermeintliche Geisteskrankheit des Dichters erkennen zu können. Dies hatte unter anderem zur Folge, dass das Werk auch von Seiten der Wissenschaft für recht lange Zeit als vernachlässigenswert betrachtet wurde.

Bereits hier kreist der junge Autor um das für ihn auch später immer wieder zentrale Thema des Rechts: Die zwei »Häuser« der Familie Schroffenstein – Rossitz und Warwand – sind durch einen Erbvertrag auf Gedeih und Verderb aneinandergebunden. Weil das Aussterben des einen Hauses notwendig die Übernahme durch das andere nach sich ziehen würde, bekämpft man sich erbittert. Jegliche Versuche, die beteiligten Parteien zu befrieden, sind von vornherein zum Scheitern verurteilt. Daher ist auch der Liebe von Ottokar (Rossitz) und Agnes (Warwand), den letzten beiden legitimen Kindern der Familie, keine Zukunft beschieden.

(o. Abb.)
Die Familie Schroffenstein. Ein Trauerspiel in fünf Aufzügen. Bern und Zürich, bei Heinrich Gessner, 1803.

Über die Entstehung des Trauerspiels *Die Familie Schroffenstein* ist nur wenig bekannt. Es ist davon auszugehen, dass Kleist Vorarbeiten im Gepäck hatte, als er in die Schweiz kam. Als konzeptionelle Vorstufen zum Erstdruck werden heute zwei weitere Texte angesehen: ein eigenhändiger Werk-Entwurf mit dem Titel *Die Familie Thierrez* und eine vollständige, mehrfach vom Autor revidierte Fassung in handschriftlicher Form mit dem Titel *Die Familie Ghonorez*.
Zentralbibliothek Zürich: 24.555

(o. Abb.)
Die Waffenbrüder. Gemälde der Vorzeit in 5 Abtheilungen. Nach Heinrich von Kleist's *Familie Schroffenstein*, frei für die Bühne bearbeitet von Franz v. Holbein. Wien: J. B. Wallishauser, 1824.

Der Schriftsteller und zeitweilige Burgtheaterdirektor Franz Ignaz von Holbein (1779-1855) zählt zu den frühesten Bearbeitern der Werke Heinrich von Kleists. Weit verbreitet und prägend für die Bühnenpraxis des 19. Jahrhunderts war seine entstellende Version des *Käthchen von Heilbronn*, die 1822 erschien. Holbein verfolgte nach eigenen Angaben vor allem das Ziel, das »Theater zu füllen und das Publikum zu unterhalten«, und dies stets im Blick auf die »Theaterkasse« und die Belange der Zensur. Daher hielt er es auch bei Kleists Erstlingswerk, *Die Familie Schroffenstein*, für gerechtfertigt, massiv in die Vorlage einzugreifen, um eine bessere Bühnentauglichkeit gewährleisten zu können. Über seine Arbeitsweise notierte er in der »Vorrede« selbstbewusst: »Der Schluß des vierten Aktes ist, wie beynahe die Hälfte der Bearbeitung, in Bau und Sprache ohne Rücksicht auf das Original ganz von mir, und doch bewährt sich diese Scene als eine der wirksamsten des Stückes …«
Privatbesitz

Zeitgenössische Kritiken

Die Familie Schroffenstein erregte das Interesse der zeitgenössischen Kritik: In den bedeutenderen Blättern erschienen bereits kurz nach Veröffentlichung des Trauerspiels zum Teil recht ausführliche Besprechungen. Weil das Werk anonym erschien, verleitete es die Rezensenten überdies zu Spekulationen. Vornehmlich aber war man angetan vom herausragenden Talent des Verfassers: Seine Arbeit galt Ludwig Ferdinand Huber (1764-1804) als »eine Wiege des Genies«. Gegenüber Carl Gustav Carus (1789-1869) betonte er sogar, seit Schillers *Räubern* »kein genialischeres Debüt« eines Autors erlebt zu haben. Dass Kleist von den Zeitgenossen gänzlich verkannt wurde, wird man angesichts der vielfältigen Presse-Reaktionen auf sein erstes Werk also nur schwerlich behaupten können.

Die Familie Schroffenstein – verfilmt

Hans Neuenfels (* 1941) meint: »Kleists erstes Schauspiel ist auch sein realistischstes.« In seiner Verfilmung aus dem Jahr 1984 gestaltet er das Trauerspiel dementsprechend als »existenziellen Tatort«. Geschlechter- und Familienrollen werden gleichfalls aus dieser Perspektive interpretiert. Dabei unterstellt Neuenfels Kleist eine von Anbeginn heftige Affinität zur Erotik der Sprache: »In *Die Familie Schroffenstein* beginnt schon Kleists Fahrt in die Obszönität, in das wohlige, das hysterische, das narzistische Ausräkeln von Empfindungen und Gedanken, das exhibitionistische Aufstellen von Behauptungen, Verhältnissen und Positionen.«

(o. Abb.)
Hans Neuenfels: Die Familie oder Schroffenstein. Ein Film. Heinrich von Kleist: Die Familie Schroffenstein. Ein Trauerspiel. Mit einem Essay zur »Schroffenstein«-Geschichte von Ingeborg Harms. Zürich; Schwäbisch Hall: Orell Füssli, 1984. (edition theater heute).
Zentralbibliothek Zürich: GQ 1181

Nun wieder zurück zum Leben! So lange das dauert, werd ich jetzt Trauerspiele und Lustspiele machen.

Heinrich von Kleist an Otto August Rühle von Lilienstern, [Königsberg], 31. August 1806

7. »Der zerbrochne Krug« – Kleists populärstes Werk

Im 19. Jahrhundert war *Käthchen von Heilbronn* das mit Abstand beliebteste Schauspiel Kleists. Das hat sich geändert, denn seit Beginn des 20. Jahrhunderts gehört *Der zerbrochne Krug* zu den auf deutschsprachigen Bühnen meistgespielten Komödien überhaupt. Wie populär dieses Werk ist, belegen die zahlreichen Rezeptionszeugnisse: Illustriert wurde es unter anderem von Adolf Menzel und vertont von Viktor Ullmann. Legendär ist die Verfilmung von Gustav Ucicky aus dem Jahr 1937 mit Emil Jannings in der Hauptrolle. Zudem wurde die Komödie in alle gängigen Mundarten übertragen. Bayerische, österreichische, schwäbische und niederdeutsche Fassungen finden sich daher ebenso wie solche auf Züridütsch und in rätoromanischer Sprache.

Eine derart positive langfristige Resonanz war freilich zunächst alles andere als wahrscheinlich gewesen. Obwohl Kleist bereits 1802 im Berner Freundeskreis und in Thun mit der Arbeit an diesem Schauspiel begonnen hatte, gelang ihm dessen Fertigstellung erst im Jahr 1806. Hervorgegangen war es aus einer Art Dichterwettstreit. Inspiriert vom Kupferstich *Le juge ou la cruche cassée*, den Jean-Jacques-André Le Veau 1782 nach einem Gemälde von Louis-Philibert Debucourt angefertigt hatte und der sich in der Berner Wohnung Heinrich Zschokkes befand, traten dieser, Ludwig Wieland und Heinrich von Kleist an, das vieldeutige Bildmotiv in eine geeignete literarische Form zu überführen. Nach vollendeter Arbeit bemühte sich Kleist sofort um eine Publikationsmöglichkeit. Als er jedoch zwischen Januar und Juli 1807 in Kriegsgefangenschaft geriet, übernahm sein Freund Adam Müller (1779-1829) diese Aufgabe. Er war es auch, der Johann Wolfgang von Goethe eine Abschrift zustellte. Dieser zeigte sich von Kleists Komödie immerhin so angetan, dass er sie am 2. März 1808 auf der Weimarer Bühne zur Uraufführung brachte, wenn auch mit geradezu verheerenden Folgen: Weil Goethe eigenmächtig in den Text eingegriffen hatte, um ihn aus seiner Sicht theatertauglicher zu machen, wurde das Werk faktisch entstellt. Goethes Freund Friedrich Wilhelm Riemer notierte diesbezüglich, dass die Aufführung »anfangs gefiel, nachher langweilte und zuletzt von einigen wenigen ausgetrommelt wurde, während andere zum Schlusse klatschten.« Kleist, der nicht dabei sein konnte, gab allein Goethe die Schuld am Misserfolg seiner Komödie, der ihn zutiefst verletzte. Den vormals von ihm so bewunderten Weimarer Dichterfürsten verachtete er fortan.

(o. Abb.)
Fragmente aus dem Lustspiel: Der zerbrochne Krug, v. H. v. Kleist. In: Phöbus. Ein Journal für die Kunst. Drittes Heft, März 1808, S. 32-46.

In den sog. »Phöbus«-Fragmenten des Jahres 1808 publizierte Heinrich von Kleist lediglich die Szenen 1, 4 und 5 aus dem *Zerbrochnen Krug*. Beinahe trotzig ergänzte er hier: »doch da dieses kleine, vor mehreren Jahren zusammengesetzte, Lustspiel eben jetzt auf der Bühne von Weimar verunglückt ist: so wird es unsere Leser vielleicht interessiren, einigermassen prüfen zu können, worin dies seinen Grund habe.« Erst im Jahr 1811 wurde das Schauspiel vollständig veröffentlicht.
Zentralbibliothek Zürich: WB 112

Jean-Jacques-André Le Veau: Le juge ou la cruche cassée. Kupferstich (1782) nach dem Gemälde von Louis-Phillibert Debucourt (1781). Ausschnitt.

Jean-Jacques Le Veau (1729-1786) nahm das im Pariser Salon von 1781 präsentierte Gemälde *Le juge de village* von Louis-Phillibert Debucourt (1755-1832) zur Vorlage für seinen Kupferstich. Kleists Freund Zschokke, der in Bern »in der Gerechtigkeitsgasse neben dem Café italien« wohnte, besaß den Stich. Über diesen Wandschmuck seiner Wohnung berichtete er in seiner *Selbstschau* (1842): »In meinem Zimmer hing ein französischer Kupferstich, *la cruche cassée*. In den Figuren desselben glaubten wir ein trauriges Liebespärchen, eine keifende Mutter mit einem zerbrochenen Majolika-Kruge, und einen großnasigen Richter zu erkennen.« Kleist selbst betonte noch Jahre später in seiner »Vorrede« zum *Zerbrochnen Krug*, dass er ebendiesen Kupferstich, »den ich vor mehreren Jahren in der Schweiz sah«, als wichtigste Inspirationsquelle betrachtete.

Heinrich von Kleist: »Vorrede« zu Der zerbrochne Krug

»Diesem Lustspiel liegt wahrscheinlich ein historisches Factum, worüber ich jedoch keine nähere Auskunft habe auffinden können, zum Grunde. Ich nahm die Veranlassung dazu aus einem Kupferstich, den ich vor mehreren Jahren in der Schweiz sah. Man bemerkte darauf – zuerst einen Richter, der gravitätisch auf dem Richterstuhl saß: vor ihm stand eine alte Frau, die einen zerbrochenen Krug hielt, sie schien das Unrecht, das ihm widerfahren war, zu demonstriren: Beklagter, ein junger Bauerkerl, den der Richter, als überwiesen, andonnerte, vertheidigte sich noch, aber schwach: ein Mädchen, das wahrscheinlich in dieser Sache gezeugt hatte (denn wer weiß, bei welcher Gelegenheit das Delictum geschehen war) spielte sich, in der Mitte zwischen Mutter und Bräutigam, an der Schürze; wer ein falsches Zeugniß abgelegt hätte, könnte nicht zerknirschter dastehn: und der Gerichtsschreiber sah (er hatte vielleicht kurz vorher das Mädchen angesehen) jetzt den Richter mistrauisch zur Seite an, wie Kreon, bei einer ähnlichen Gelegenheit, den Ödip. Darunter stand: der zerbrochene Krug. – Das Original war, wenn ich nicht irre, von einem niederländischen Meister.«

Der zerbrochne Krug – gesprochen, vertont und verfilmt

Die elaborierte Sprache Kleists und die facettenreiche, bisweilen sehr abgründige Komik des Schauspiels *Der zerbrochne Krug* reizen von jeher zur Bearbeitung. Während Hörbuch-Adaptationen dem Hörer vor allem die Konzentration auf die Sprache Kleists ermöglichen, dürfen bei Bearbeitungen wie dem Ufa-Film von 1937 oder der Vertonung Viktor Ullmanns aus dem Kriegsjahr 1942 die jeweilige Entstehungszeit und -bedingungen keinesfalls außer Acht gelassen werden. Auch wenn es heute eher irritierend wirken mag, dass Kleists Werk ebenso als Objekt der nationalsozialistischen Propaganda-Maschinerie taugen konnte wie als Ausgangspunkt kreativer musikalischer Rezeption, wie sie sich in der Oper des späteren KZ-Opfers Ullmann manifestiert, so lässt sich hieran doch vor allem die Popularität des Kleist'schen Theaterstücks ablesen. In Zeiten und im Zeichen der faschistischen Diktatur wurde *Der zerbrochne Krug* freilich in einem Ausmaß politisch instrumentalisiert, wie man es bis dahin nur von anderen Werken Kleists gekannt hatte, vor allem von der *Herrmannsschlacht* und von *Prinz Friedrich von Homburg*.

(o. Abb.)
Der zerbrochene Krug (Ufa-Film mit Emil Jannings, 1937)

Der von Joseph Goebbels (1897-1945), dem Reichsminister für Volksaufklärung und Propaganda, nur unter Vorbehalt bezuschusste und von Adolf Hitler (1889-1945) sehr geschätzte Ufa-Film *Der zerbrochene Krug* von 1937 war zunächst trotz der hochkarätigen Besetzung – Friedrich Kayssler und Paul Dahlke, Lina Carstens und Elisabeth Flickenschildt spielten an der Seite von Emil Jannings – kein großer Publikumserfolg. Goebbels warf Jannings vor, hier lediglich »photographiertes Theater« zu bieten, aber eben kein »Filmkunstwerk« (20. Oktober 1937). Hinzu kam, dass ihm (wie jedem sonstigen Betrachter) klar sein musste, dass eine klumpfüßige Hauptfigur wie der Dorfrichter Adam nur allzu leicht erheiternde Assoziationen zum gleichfalls hinkefüßigen »Reichsjägermeister« Hermann Göring (1893-1946) wecken konnte.

Jean-Baptiste Greuze: La cruche cassée. 1772 (?)
Öl auf Leinwand.
Paris, Musée du Louvre. Inv. 5036, 1,08 × 0,86 m. © bpk / RMN / Daniel Arnaudet.
Jean-Baptiste Greuze (1725-1805) verknüpft auf außerordentlich raffinierte Weise das Motiv der verführten Unschuld mit dem Dingsymbol des zerbrochenen Kruges. Seine Zeitgenossen (und auch noch die des postrevolutionären Zeitalters) schätzten die mehr oder minder offenen erotischen Anspielungen ebenso wie die in jeder Hinsicht fragile Schönheit des jungen Mädchens.

Der zerbrochene Krug, Oper nach Heinrich von Kleist in einem Akt, op. 36 (1942)

Die nur wenige Wochen vor der Deportation Viktor Ullmanns (1898-1944) in das Konzentrationslager Theresienstadt fertiggestellte musikalische Komödie *Der zerbrochene Krug* belegt dessen Affinität zum Schauspiel Kleists eindrücklich. Die dialogzentrierte und stark geraffte Handlung des knapp 45 Minuten währenden Werks vollzieht sich allein in der »Gerichtsstube«. Die ebenso vielschichtige wie abgründige Komik der Vorlage steht hier zweifellos im Zentrum des künstlerischen Interesses. Dennoch sollte man den zeit- wie diktaturkritischen Impetus nicht übersehen: Ullmanns Libretto schließt – abweichend von Kleist – mit den doppelbödigen Versen des Gerichtsrats Walter: »Fiat justitia damals wie ebenda: Richter soll keiner sein, ist nicht sein Herze rein: fiat justitia!« Die Uraufführung des Werks fand erst am 17. Mai 1996 in Dresden statt.

… so will ich lauter Werke schreiben, die in die Mitte der Zeit hineinfallen.

Heinrich von Kleist an Karl von Stein zum Altenstein, Dresden, 1. Januar 1809

8. Temporäre Inseln – Kreative Kleist-Leser

Heinrich von Kleist hat mit seinem Aufenthalt auf der oberen Aare-Insel ein Zeichen gesetzt, nicht allein für sich selbst, sondern auch für andere. Seine Abkehr vom bürgerlichen Dasein markierte er damit ebenso wie seinen kompromisslos-radikalen Aufbruch in ein Leben als Schriftsteller. Kreative Menschen haben ihn deshalb schon früh um diese Entschlossenheit beneidet und wohl auch ihre drastischen Konsequenzen besser als andere abzuschätzen vermocht. Sinnfälliger nämlich als durch Kleists temporären Insel-Traum könnte das Bedürfnis, sich von der Welt zurückzuziehen, um allein für die Kunst zu leben, wohl kaum beschrieben werden. Kein Wunder also, dass die wenigen Wochen seines Dortseins bald auch zu einer Art ›Denkfigur‹ wurden. Was Kleist auf seinem ›Inseli‹ vorgelebt hat, haben nicht wenige von ihnen zum Ausgangspunkt eigener Arbeiten genommen und dabei ihn selbst und seine Werke explizit miteinbezogen.

(o. Abb.): Kleist-Texte Robert Walsers
Robert Walser (1878-1956)

Robert Walser hat sich als Leser wie als Autor intensiv mit Heinrich von Kleist auseinandergesetzt. In verschiedenen Prosatexten sowie in einem Sonett legte er auf faszinierende, weil von vorherrschenden Interpretationen gänzlich unbeeindruckte Weise Zeugnis ab von seiner persönlichen Kleist-Lesart. Der Aufenthalt des werdenden Dichters Kleist in der Schweiz wird ihm dabei, gut 100 Jahre später, zum Ausgangspunkt vielfach ironisch gebrochener Gedankenspiele. Damit machte er die Selbst- und Fremdwahrnehmung von Autoren zum Gegenstand seiner eigenen Texte. So fällt es Walser als Erzähler zwar nicht schwer, den Kleist'schen Traum von der einfachen bäuerlichen Lebensform mit nur drei Worten als Utopie bloßzustellen: »Nette Idee das«, schreibt er hierüber lakonisch in *Kleist in Thun*. Dennoch vermag er sich selbst, als junger Autor nämlich in durchaus vergleichbarer Situation, nicht gänzlich von diesem sperrigen Vorbild zu befreien. Die Kleist-Texte Walsers stammen insbesondere aus seiner Berliner Zeit. Regelmäßige Theaterbesuche und der enge Kontakt zum Umfeld Max Reinhardts hatten ihn dort mit dem dramatischen Schaffen bestens vertraut gemacht. Aber auch wesentlich später noch, anlässlich des Gedenkjahres 1927, hat sich Walser erneut mit Kleist befasst.

(o. Abb.)
Karl Walser illustriert Kleists Werke

Karl Walser (1877-1943), der ältere Bruder Robert Walsers, hat sich wie kaum ein anderer Maler um die Illustration bibliophiler Buchausgaben, die in der Zeit vor dem 1. Weltkrieg sehr beliebt waren, verdient gemacht. 1905 gestaltete er die Bühnenbilder zum *Käthchen von Heilbronn*, mit dem das »Deutsche Theater« unter der Direktion Max Reinhardts am 19. Oktober 1905 eröffnet wurde. Deren Schönheit sorgte für spontanen Szenenapplaus. Das Medium der Buch-Illustration dürfte ihn dagegen wegen der Erfordernis zu pointierter Darstellung auf kleinstem Raum gereizt haben. Die *Käthchen*-Bildfolge wirkt mit ihrer verhaltenen Farbigkeit und selbst noch mit den für dieses Schauspiel sehr passend scheinenden träumerischen Rokoko-Reminiszenzen durchaus zeittypisch. Zugleich aber zeugt sie auch vom ausgeprägten Interesse des Künstlers an den Möglichkeiten, Texte und Bilder auf komplexe und atmosphärisch wirksame Weise zu verknüpfen. Die im Jahr 1910 erstmals erschienene und 1924 erneut aufgelegte Ausgabe der *Erzählungen* Kleists auf echtem Handbüttenpapier enthält keinerlei Illustrationen. Walser gestaltete hier lediglich das Einbandpapier. Das Motiv des ruhenden Hirten, wie es sich bereits bei den *Käthchen*-Bildern findet, erinnert in gewisser Hinsicht an Walsers Ausbildungszeit als Dekorationsmaler. Die Ausgabe wurde als »bibliophile Meisterleistung« gepriesen. Bei Bruno Cassirer (1872-1941), dem legendären Verleger, erschien 1916 eine auf 250 Exemplare limitierte Ausgabe des *Prinz Friedrich von Homburg* auf Büttenpapier. Für sie hatte Walser die Titelvignette sowie 54 Originallithographien geschaffen. Letztere wurden auf der Handpresse von M. W. Lasally gedruckt.

Heinr. v. Kleist's Grab am Wannsee **Karl Walser (Berlin)**

Er lebte, sang und stritt in schwerer, trüber Zeit;
Er suchte hier den Tod und fand Unsterblichkeit.

Karl Walser: Heinr. v. Kleist's Grab am Wannsee.
In: Die Jugend, Nr. 46 (1911), S. 1227.

Walser zeigt das im Jahr 1911 längst zur Pilgerstätte zahlreicher Kleist-Verehrer gewordene Grab am Kleinen Wannsee bei Potsdam als wild umwuchertes Naturidyll. Als Bild-Unterschrift sind die bis 1941 auf dem Grabstein befindlichen und dann auf Geheiß des NS-Propagandaministeriums getilgten Verse von Max Ring (1817-1901) zu lesen.

Othmar Schoeck, Fotografie (o.J.), Zentralbibliothek Zürich, Graphische Sammlung.

Othmar Schoecks Oper Penthesilea

Der Schweizer Komponist Othmar Schoeck (1886-1957) hat mit seiner 1927 veröffentlichten Oper *Penthesilea* (op. 39) maßgeblich dazu beigetragen, dass gerade dieses Werk seither als Inbegriff einer emphatisch verstandenen Gegenwärtigkeit Kleists gilt. Mit seinem in den Jahren 1923-1925 entstandenen und am 8. Januar 1927 an der Dresdner Semperoper uraufgeführten Einakter transformierte Schoeck die radikale Dramatik des Dichters aus der Perspektive der musikalischen Avantgarde seiner Zeit. Dies geschah u. a. durch eine unkonventionelle Instrumentation.

Obwohl es zuvor bereits durchaus vergleichbare Ansätze hierzu gegeben hatte – erwähnt sei etwa die in den Jahren 1883 bis 1885 entstandene »Symphonische Dichtung« *Penthesilea* von Hugo Wolf (1860-1903) –, fand erst Schoecks Komposition das Interesse eines breiteren Publikums. Um die schon der Vorlage eingeschriebene bedingungslose Gewalttätigkeit aus seiner Sicht adäquat umsetzen zu können, modifizierte Schoeck den Kleist'schen Text, indem er ihn kürzte, wobei er freilich auf eigene Ergänzungen verzichtete. Die Kleist'sche Sprache erhielt durch die sperrige Verknüpfung mit den Ausdrucksformen der musikalischen Moderne einen bis dahin so nicht erfahrbaren und bis heute ungemein eindrucksvollen Komplexitätszuwachs.

Isabel Mundy und Jörg Weinöhl, 2011 (Aufnahme: Martina Pipprich).

In der »Einführung« zu seinem Libretto erläutert der Komponist seine persönliche Lesart ausführlich, nicht zuletzt natürlich auch, um seine Eingriffe in die Vorlage zu rechtfertigen:

»Zum tragischen Kampf zwischen den Geschlechtern formt Heinrich von Kleist die Sage in seinem Trauerspiel *Penthesilea*. Er führt das, was wir aus der Überlieferung wissen, zur ewigen aus den Gegensätzen des Lebens geborenen Tragik.

Kleists Werk zeigt uns Penthesilea, die jungfräuliche Königin der Amazonen, an der Spitze ihres Reiterheeres in den Ebenen von Troja, wo die Wogen der Griechenheere seit Jahren die uneinnehmbare Burg der Dardaner umbranden. Entgegen dem Gesetz, das Penthesilea befiehlt, *den* Gegner zu wählen, den ihr der Gott im Kampf erscheinen lässt, sucht sie im Gewühl der Schlacht Achill, den Peliden. Doch sie erliegt seiner Stärke. Am brechenden Blick der Niedersinkenden entzündet sich Achills Liebe. Seine Tat verfluchend, nimmt er die Ohnmächtige in seine Arme und ruft sie ins Leben zurück. Prothoe, der Königin Gefährtin, entreisst ihm die kostbare Beute und flieht mit ihr. Achill aber wirft seine Waffen fort und folgt den beiden.

Hier setzt die Handlung des Musikdramas ein.«

(o. Abb.)
Penthesilea. Nach dem Trauerspiel von Heinrich von Kleist in einem Aufzug mit Musik von Othmar Schoeck. Zürich 1927.
Universität Zürich: Musikwissenschaftliches Institut. MP 7 200 KLEI 1. (Exemplar aus dem Besitz von Willi Schuh)

Kreative Kleist-Rezeption – zeitgenössisch

»nicht ich – über das marionettentheater von kleist. ein szenisches konzert basierend auf dem essay von heinrich von kleist von isabel mundry und jörg weinöhl« (2011)

In ihrem »szenischen Konzert für Instrumental- und Vokalensemble, Tänzer und Sopran«, das Anfang Juni 2011 in Thun uraufgeführt wurde, dokumentieren die Komponistin Isabel Mundry und der Ballett-Tänzer und Choreograph Jörg Weinöhl ihre gemeinsame künstlerische Auseinandersetzung mit Heinrich von Kleists nach wie vor schwer kategorisierbarem Text *Über das Marionettentheater*, einem seiner Beiträge zu den *Berliner Abendblättern* aus dem Jahr 1810. Auf Basis detaillierter ›Lesepläne‹ wird dieses »Stück Philosophie« (H. v. Hofmannsthal) mitsamt seiner sperrigen Rätselhaftigkeit in dem Werk systematisch durchleuchtet und mit den musikalisch-szenischen Mitteln der Gegenwart zugleich im emphatischen Sinne vergegenwärtigt. Aus wechselnden Perspektiven wird darin das Verhältnis von Mensch, Maschine, Kunst und Natur, und – auf einer Meta-Ebene auch das der Künste zueinander – beobachtet und bezeichnet. Text, Musik und Tanz greifen dabei auf vielschichtige Weise ineinander oder überlagern sich. In einem facettenreichen Spiel von Bild und Abbild erfahren sie verschiedene Formen der Verkünstlichung bis hin zur Digitalisierung. Die Komposition thematisiert und erfährt so gleichermaßen einen Prozess der Reflexion und Differenzierung: Und vollzieht damit, wovon Kleists Text erzählt – eine komplexe Selbstspiegelung.

Spielkarten mit Motiven aus Kleists Lustspiel *Der zerbrochne Krug* (o.J.).

Seitenblick 4: Kleist-Devotionalien aus der Sammlung B. Wolter

Kleists bis heute anhaltender »Nachruhm« entfaltet sich keineswegs allein auf dem Gebiet der Werk- und Einzelausgaben. Wie sehr man den Dichter des *Käthchen von Heibronn* und des *Prinz Friedrich von Homburg* wertschätzte und -schätzt, belegen die vielfältigen, zum Teil recht literaturfernen Bezugnahmen auf sein Schaffen (und ihn selbst). Vom ganzen Gebaren wie von der Art zu schreiben mag Kleist kaum besonders geeignet erscheinen, um auf Keksen, Sektflaschen, Briefmarken oder Suppendosen ›vermarktet‹ zu werden. Dennoch verweisen gerade Objekte wie Buchstützen in Form von Kleistfiguren, süße Kleist-Schnitten, sein berühmtes Miniatur-Porträt auf Briefmarken, Medaillen, Quartette, Fliesen und sogar ein ›Jahrtausend‹-Sekt auf seine sehr tief verwurzelte Popularität.

Die gezeigten Exponate stammen aus der Sammlung von Burkhard Wolter.

9. Das Kleist-Inseli heute

Anders als noch im 19. Jahrhundert liegt das Kleist-Inseli heute in Bahnhofsnähe mitten in der Stadt Thun. In privatem Besitz und durch Bäume abgeschirmt, ist es aber weiterhin ein abgelegener Ort. Auf Antrag der Stadt Thun hat das Kantonale Amt für Geoinformation (Bern) das »Obere Inseli« im März 2011 in »Kleist-Inseli« umbenannt. Im Auftrag der Ausstellungsmacher und in Absprache mit den Eigentümern konnte der Thuner Fotograf Christian Helmle 2010 das Inseli besuchen und seine Impressionen ins Bild setzen.

Christian Helmle wurde 1952 in Thun geboren, absolvierte die Fotoschule in Vevey und lebt als freischaffender Fotograf in Thun. Er lebte für längere Zeit in Kairo, Tunis und Berlin. 1999 erhielt er den Fotopreis der Stadt Thun, 2006 den Fotopreis des Kantons Bern.

Hannah Dotzauer
Zeittafel 1: Stationen in Kleists Leben

18. Oktober 1777	Heinrich von Kleist wird als erster Sohn des Kompaniechefs Joachim Friedrich von Kleist und seiner zweiten Frau Juliane Ulrike in Frankfurt an der Oder geboren.
18. Juni 1788	Tod des Vaters.
1792	Kleist tritt in Potsdam in das Regiment Garde der preußischen Armee ein.
3. Februar 1793	Tod der Mutter.
1793 – 1795	Kleist zieht nach Frankfurt am Main und nimmt am Rheinfeldzug gegen das französische Revolutionsheer teil. Anschließend kehrt er mit dem Regiment nach Potsdam zurück.
1799	Kleist verlässt die Armee und geht nach Frankfurt an der Oder zurück, um Physik und Mathematik zu studieren, hört Vorlesungen über Philosophie, Kulturgeschichte und Naturrecht und nimmt Lateinunterricht.
1800	Im Frühjahr bricht Kleist das Studium nach drei Semestern ab und reist über Berlin nach Pasewalk. Zurück in Berlin, bricht er im August nach Leipzig auf und reist über Dresden, Chemnitz und Bayreuth nach Würzburg. Ende des Jahres hält er sich wieder in Berlin auf.
März 1801	Sog. Kant-Krise. Im April reist Kleist mit seiner älteren Halbschwester Ulrike nach Dresden und von dort aus weiter nach Leipzig, Halle, Halberstadt, Göttingen, Kassel, Mannheim, Heidelberg und Straßburg. Im Sommer kommt er in Paris an.
10. Oktober 1801	Kleist fasst in Paris den Entschluss, in die Schweiz zu reisen und sich dort niederzulassen.
16. Dezember 1801	In Basel angekommen, beschließt Kleist, nach Bern weiterzureisen.
23. Dezember 1801	Kleist hält sich in Liestal bei Basel auf.
27. Dezember 1801	Ankunft in Bern.
1. Februar 1802	In Thun angekommen, wohnt Kleist vorläufig noch in der Stadt in der Nähe eines der sieben Stadttore. Er arbeitet vermutlich an seinem ersten Drama *Familie Ghonorez*, das 1803

	als *Die Familie Schroffenstein* anonym erscheint, und am *Robert Guiskard*. Im Zusammenhang mit einer Art Dichterwettstreit, den Kleist mit Heinrich Zschokke und Ludwig Wieland führt, entsteht die erste Idee zum Lustspiel *Der zerbrochne Krug*, zu dem er durch einen Kupferstich angeregt wird.
19. Februar 1802	Obwohl Kleist Frankreich und dessen Einfluss auf die Schweiz gegenüber kritisch ist, gibt er an, noch mindestens zwei Jahre in der Schweiz bleiben zu wollen.
2. März 1802	Aufgrund seines Ressentiments gegen Frankreich will sich Kleist doch nicht allzu sehr auf die Schweiz festlegen und mietet einstweilen ein Haus auf einer Aare-Insel.
1. Mai 1802	Kleist hat das Häuschen auf dem Thuner Inseli bezogen, ist sehr euphorisch, möchte aber auf lange Sicht wieder nach Preußen zurückkehren.
Sommer 1802	Kleist erkrankt und reist nach Bern. Dort besucht ihn Ulrike, mit der er im Herbst nach Preußen zurückkehrt.
1803	Kleist wohnt zunächst bei Ludwig Wieland in Oßmannstedt, reist jedoch schon bald über Weimar nach Leipzig und Dresden.
3. Juli 1803	Kleist fasst in Dresden den Plan, noch vor Ende des Monats wieder in die Schweiz zu reisen.
20. Juli 1803	Kleist reist vermutlich an diesem Tag mit Ernst von Pfuel in Leipzig ab in Richtung Schweiz, wo er weniger als drei Monate bleibt und wohl am *Robert Guiskard* weiterarbeitet.
5. Oktober 1803	Kleist befindet sich in Genf und beschließt, die Schweiz zu verlassen und nach Lyon und Paris zu reisen.
1804	Kleist verbrennt das *Guiskard*-Manuskript, reist zunächst nach Mainz, kommt im Juni nach Berlin und tritt wieder in preußische Dienste.
1805	Kleist arbeitet im Berliner Finanzdepartement, anschließend als Diätar in Königsberg und verfasst den Aufsatz *Über die allmählige Verfertigung der Gedanken beim Reden.*

1806	Kleist schreibt am *Zerbrochnen Krug* und an *Amphitryon*, vermutlich auch an *Michael Kohlhaas* und beginnt mit der Arbeit an *Penthesilea*.
1807	Kleist und Adam Müller bereiten im Dezember für das folgende Jahr die Herausgabe des Kunstjournals *Phöbus* vor.
1808	Im Januar erscheint das »Erste Stück« des *Phöbus*. Kleist arbeitet an der *Herrmannsschlacht* und am *Käthchen von Heilbronn*.
1809	Kleist geht nach Prag. Politische Gedichte und Prosatexte. Ende des Jahres kehrt Kleist nach Frankfurt an der Oder zurück.
1810	Kleist reist nach Berlin. Der erste Band der Erzählungen Kleists (*Michael Kohlhaas, Die Marquise von O...., Das Erdbeben in Chili*) erscheint. Kleist arbeitet an *Prinz Friedrich von Homburg*, veröffentlicht seinen Aufsatz *Über das Marionettentheater* und publiziert die erste Nummer der *Berliner Abendblätter*.
1811	Der zweite Band der Erzählungen erscheint (*Die Verlobung in St. Domingo, Das Bettelweib von Locarno, Der Findling, Die heilige Cäcilie, Der Zweikampf*). Kleist schließt *Prinz Friedrich von Homburg* ab.
21. November 1811	Selbstmord am Wannsee bei Berlin zusammen mit Henriette Vogel.

Hannah Dotzauer
Zeittafel 2: Helvetik

1789	Die Französische Revolution setzt dem Absolutismus ein Ende und ermöglicht eine neue Ordnung.
1794	Das Direktorium übernimmt die Macht in Frankreich.
1792–97	Der erste Koalitionskrieg ebnet Frankreich den Weg für einen Umsturz der alten Ordnung der Eidgenossenschaft – die Helvetische Revolution.
Ab Ende Januar 1798	Franzoseneinfall von der Waadt und vom Jura her.
März 1798	Die alte Eidgenossenschaft geht unter.
12. April 1798	Die von Frankreich oktroyierte Verfassung tritt in Kraft. Beginn der Helvetischen Republik.
1799	Napoleon Bonaparte macht sich per Staatsstreich zum Ersten Konsul.
8. Januar 1800	Erster Staatsstreich: Unterstützt durch Napoleon setzen die gemäßigten Republikaner in der Helvetischen Republik das Vollziehungsdirektorium ab und etablieren einen provisorischen Vollziehungsausschuss, um die Verfassung zu revidieren.
7. August 1800	Zweiter Staatsstreich: Auf Befehl des provisorischen Vollziehungsausschusses wird das Parlament aufgelöst, und eine neue Verfassung tritt in Kraft.
27.-28. Oktober 1801	Dritter Staatsstreich: Die Föderalisten ergreifen die Macht. Alle Verfassungsänderungen werden für ungültig erklärt.
Februar 1802	Unruhen um den föderalistischen Verfassungsentwurf.
17. April 1802	Vierter Staatsstreich: Die Unitarier, Befürworter des Einheitsstaates, gewinnen die Regierungsgewalt zurück.
Mai 1802	Die Unruhen eskalieren. Der Aufstand wird mit Hilfe französischer Truppen niedergeschlagen.
Ende Juli 1802	Abzug der französischen Besatzungstruppen. Darauf folgen Aufstände, die eine erneute französische Intervention ermöglichen.

30. September 1802	Napoleon erlässt die Proklamation von Saint-Cloud. Die Helvetische Republik wird nochmals von französischen Truppen besetzt.
19. Februar 1803	Napoleons Mediationsakte besiegelt das Ende der Helvetischen Republik.
10. März 1803	Die Amtsgewalt der helvetischen Behörden geht an den Landammann der Schweiz und an die provisorischen kantonalen Regierungskommissionen über.

Quellen und Forschungsliteratur zum Thema (in Auswahl und chronologisch sortiert)

Quellen

Johann Jacob Rousseau, Bürgers zu Genf, Abhandlung von dem Ursprunge der Ungleichheit unter den Menschen, und worauf sie sich gründet: ins Deutsche übersetzt mit einem Schreiben an den Herrn Magister Leßing und einem Briefe Voltairens an den Verfasser vermehret. Berlin 1756.

Jean-Jacques Rousseau: Émile ou de l'Éducation. 3 Bde. Amsterdam 1762.

Jean-Jacques Rousseau: Principes du Droit Politique. Amsterdam 1762.

Lettres de deux Amans, Habitans d'une petite Ville au pied des Alpes. Recueillies et publiées par J. J. Rousseau. 3 Bde. Lausanne 1762.

Abhandlungen und Beobachtungen durch die oekonomische Gesellschaft zu Bern gesammelt. (1762), 1. Stück.

[Karl Viktor von Bonstetten]: Briefe über ein schweizerisches Hirtenland. Basel 1782.

J. J. Rousseau's Einsame Spaziergänge. Sein leztes nachgelassenes Werk. München 1783.

[Christoph Meiners]: Briefe über die Schweiz. Berlin 1788-1790. 4 Teile (II, S. 7).

Johann Georg Heinzmann: Beschreibung der Stadt und Republik Bern. 2 Bde. Bern 1794/96.

Historisches Geographisch-Statistisches Lexikon von der Schweiz oder vollständige alphabetische Beschreibung aller in der ganzen schweizerischen Eidgenossenschaft und den derselben zugewandten Orten liegenden Städte, Klöster, Schlösser, Freisize, Dörfer, Fleken, Berge, Gletscher, Thäler, Flüsse, Seen, Wasserfälle, Naturseltenheiten, merkwürdigen Gegenden u.s.w. [...] Ulm 1796, Sp. 201-205 [Artikel »Thun«].

Helvetischer Almanach für das Jahr 1802. Zürich [1801].

Friedrich Spensers Erklärung der Neuen Wörter, die seit der Revolution in Gang und Uebung gekommen, auch sonst bey'm Lesen der Zeitungen, Gerichtsverhandlungen, Prozessen, Familien- und Handelsangelegenheiten täglich erscheinen; also zu wissen nöthig und angenehm seyn kann. Winterthur 1801.

[Johann Georg Tralles]: Schriften, Maasse und Gewichte betreffend, der Helvetischen Regierung vorgelegt: Gedruckt auf Befehl des Vollziehungs-Rathes. 2 Stücke. Bern 1801. [Stück 1: Bericht der Festsetzung der Grundeinheiten des von der fränkischen Republik angenommenen Metrischen Systems; Stück 2: Vortrag über die Einführung von einerley Maass und Gewicht in der helvetischen Republik].

[Heinrich von Kleist]: Die Familie Schroffenstein. Ein Trauerspiel in fünf Aufzügen. Bern und Zürich 1803.

Ludwig Ferdinand Huber: [Rezension zu: »Die Familie Schroffenstein«]. In: Der Freimüthige, Berlin, 4. März 1803.

Ludwig Ferdinand Huber an Carl Gustav Carus, 5. August 1803. In: Heinrich von Kleists Lebensspuren. Dokumente und Berichte der Zeitgenossen. Herausgegeben von Helmut Sembdner. 7. erw. Neuaufl. München 1996, S. 119.

Historische Denkwürdigkeiten der helvetischen Staatsumwälzung. Herausgegeben von Heinrich Zschokke. 3 Bde. Winterthur 1803-1805.

Heinrich Zschokke: Historische Rügen in Betreff des Aufsatzes: »Begebenheiten des Jahres 1802 in der Schweiz« usw. in den Heften October, November und December 1803 der Minerva. In: Minerva. Ein Journal historischen und politischen Inhalts. Herausgegeben von Johann Wilhelm von Archenholz. Bd. 2. Hamburg 1804, S. 414-432.

Oekonomische Blätter für den Landmann in Bünden. Herausgegeben von der ökonomischen Gesellschaft des Kantons Graubünden. [o.O.] 1804.

Albrecht Thaer: Einleitung zur Kenntniß der englischen Landwirtschaft und ihrer neueren practischen und theoretischen Fortschritte in Rücksicht auf Vervollkommnung teutscher Landwirtschaft für denkende Landwirthe und Cameralisten. 3 Bde. Hannover 1804.

Johann Martin Usteri: Das Vater Unser eines Underwaldners. Erfunden von Johann Martin Usteri in Zürich; ausgeführt und in Tuschmanier geätzt von Marquard Wocher. Freiburg i. Br. [1805].

Miscellen für die Neueste Weltkunde. Herausgegeben von Heinrich Zschokke. Aarau 1807-1813, hier: Bd. 1, 1807.

[Heinrich Zschokke:] St. Domingo und die Negersklaven. In: Miscellen für die Neueste Weltkunde Nro. 69 und 70, 29. Aug. und 2. Sept. 1807, S. 273-274 und 277-278.

Heinrich von Kleist: Fragmente aus dem Lustspiel: der zerbrochene Krug. In: Phöbus. Ein Journal für die Kunst. Herausgegeben von Heinrich von Kleist und Adam Müller. 1 (1808), 3. Stück (März), S. 32-46.

Heinrich von Kleist an Georg Andreas Reimer, Berlin, 13. August [1810]. Zentralbibliothek Zürich, Handschriftenabteilung, Autogr. Bebler D 271.

Heinrich Zschokke: Der zerbrochene Krug. In: Erheiterungen. Eine Monatschrift für gebildete Leser. Herausgegeben von Heinrich Zschokke und seinen Freunden. 3 (1813), S. 162-175.

Johann Gottfried Carl Kiesewetter: Reise durch einen Theil Deutschlands, der Schweiz, Italiens und des südlichen Frankreichs nach Paris. Erinnerungen aus den denkwürdigen Jahren 1813, 1814 und 1815. Berlin 1816, S. 125-131 passim.

Heinrich von Kleist: Hinterlassene Schriften. Herausgegeben von Ludwig Tieck. Berlin 1821.

Heinrich Zschokke: Erinnerungen an Aloys Reding. In: Prometheus. Für Licht und Recht. Zeitschrift in zwanglosen Heften. Herausgegeben von Heinrich Zschokke u.a. Dritter Theil. Aarau 1833, S. 54-149.

Heinrich Zschokke: Eine Selbstschau. 2 Bde. Aarau 1842.

Adolf Henze: Die Handschriften der deutschen Dichter und Dichterinnen mit 305 Facsimile's, kurzen Biographien und Schrift-Characteristiken. Leipzig 1855.

Heinrich von Kleists sämtliche Werke. Erster Teil. Gedichte. Familie Schroffenstein. Familie Ghonorez. Herausgegeben von Theophil Zolling. Berlin, Stuttgart 1885 (= Deutsche Nationalliteratur, 149), Einleitung, S. xxxv-xxxix.

Heinrich von Kleist: Das Käthchen von Heilbronn. Mit acht Bildern von Karl Walser. Einleitung von Arthur Eloesser. Berlin 1905. (Pantheon-Ausgabe).

Robert Walser: Was braucht es zu einem Kleist-Darsteller? In: Die Schaubühne 3 (1907), 14. März 1907, Nr. 11, S. 282f.

Heinrich von Kleist: Erzählungen. 3 Bde. Berlin 1910. [Einbandgestaltung: Karl Walser].

Robert Walser: Kleist in Thun. In: Die Schaubühne 3 (1907), 20. Juni, Nr. 25, S. 621-627.

Heinrich von Kleist: Prinz Friedrich von Homburg. Ein Schauspiel. Mit Lithographien von Karl Walser. Berlin 1916.

Heinrich von Kleist: La cria ruotta. Traducziun da Jachen Luzzi. Cuoira 1925.

Othmar Schoeck: Penthesilea. Nach dem Trauerspiel von Heinrich von Kleist. In einem Aufzug mit Musik von Othmar Schoeck. Zürich 1927.

Der zerbrochene Krug. Ufa-Film. Deutschland 1937.

Viktor Ullmann: Der zerbrochene Krug. Oper nach Heinrich von Kleist in einem Akt, op. 36 (1942). UA: Dresden 1996.

[Heinrich von Kleist]: De verbrochnig Chrueg. Mundartübersetzung nach Heinrich Kleists Lustspiel »Der zerbrochene Krug« von Rudolf Villiger. Elgg 1957.

Fritz Moser: Ds Amtsgricht vo Waschliwil: berndeutsches Lustspiel in drei Akten. Neufassung von Rudolf Stalder-Schüpbach. Belp 1971.

Robert Walser: »Kleist in Thun« [1907]. In: Ders.: Geschichten. Mit Zeichnungen von Karl Walser. Frankfurt am Main 1979, S. 97-109.

Hans Neuenfels: Die Familie oder Schroffenstein. Ein Film. // Heinrich von Kleist: Die Familie Schroffenstein. Ein Trauerspiel. Zürich; Schwäbisch Hall 1984.

Heinrich von Kleist: Sämtliche Werke und Briefe in vier Bänden. Herausgegeben von Ilse-Marie Barth, Klaus Müller-Salget, Stefan Ormanns und Hinrich C. Seeba. Frankfurt 1987-1997.

Heinrich von Kleist: Sämtliche Werke. Brandenburger Ausgabe. Herausgegeben von Roland Reuß und Peter Staengle. Basel; Frankfurt 1988ff.

Wielands Briefwechsel. Siebzehnter Band (Januar 1806 – September 1809). Bearbeitet von Siegfried Scheibe. 2 Bde. Berlin 2001; 2003 (Wielands Briefwechsel; 17).

Robert Walser: Kleist-Essay. In: ders.: Dichteten diese Dichter richtig? Eine poetische Literaturgeschichte. Herausgegeben von Bernhard Echte. Frankfurt; Leipzig 2001, S. 66-68, hier: S. 66.

Ders.: Kleist in Thun. In: ders.: Dichteten diese Dichter richtig?, a.a.O., S. 71-81.

Ders.: Theateraufsatz. Aus dem Mikrogramm-Entwurf zu »Potpourri«. In: ders.: Dichteten diese Dichter richtig?, a.a.O., S. 85-87, hier: S. 87.

Wielands Briefwechsel. Fünfzehnter Band (Juli 1799 – Juni 1802). Bearbeitet von Thomas Lindenberg und Siegfried Scheibe. 2 Bde. Berlin 2004; 2006 (Wielands Briefwechsel; 15).

Robert Walser/Heinrich von Kleist: Kleist in Thun. Essays zu Kleist. Herausgegeben und mit zehn Farblinolschnitten illustriert von Svato Zapletal. Hamburg 2006.

Isabel Mundry/Jörg Weinöhl: Nicht ich – über das Marionettentheater von Kleist. Szenisches Konzert. Thun/Zürich 2011.

Forschungsliteratur

Eduard von Bülow: Heinrich von Kleists Leben und Briefe. Mit einem Anhange herausgegeben von Eduard von Bülow. Berlin 1848.

Theophil Zolling: Heinrich v. Kleist in der Schweiz. Nebst achtundzwanzig bisher ungedruckten Briefen. Stuttgart 1882.

Amtliche Sammlung der Acten aus der Zeit der Helvetischen Republik (ASHR). 16 Bde. Bearbeitet von Johannes Strickler (Bde 1-11), Alfred Rufer (Bde 12-16). Bern 1886-1966.

Paul Hoffmann: Ulrike von Kleist über ihren Bruder Heinrich. In: Euphorion 10 (1903), S. 106-112.

Sigismund Rahmer: Heinrich von Kleist als Mensch und Dichter. Nach neuen Quellenforschungen. Berlin 1909, S. 79-85.

Walter Muschg: Kleist in Thun. Thun 1928.

Werner Deetjen: Ludwig Wieland in Bern. In: Jahrbuch der Kleist-Gesellschaft 1929/1930, S. 24-29.

Hans Röhl: Aus dem Reisetagebuch der Freifrau Adolphine von Werdeck im Sommer 1803. In: Jahrbuch der Kleist-Gesellschaft (1938), S. 77-97, darin: S. 90-93.

Edeltrud Peters: Heinrich v. Kleist's Berner Zeit und sein dortiger Freundeskreis. Wien 1941.

Das Amt Thun. Eine Heimatkunde. Herausgegeben von der Sektion Thun des bernischen Lehrervereins von der Heimatkundekommission. Thun 1943.

Helmut Sembdner: Heinrich von Kleist und das »Delosea-Inseli«. In: Jahresbericht. Historisches Museum, Schloß Thun 1962, S. 11-23.

Hermann Reske: Heinrich von Kleist in Thun. Die Geburt eines Genius. Bern, Stuttgart 1972.

Berchtold Weber: Historisch-topographisches Lexikon der Stadt Bern. Bern 1976. [auch: http://www.digibern.ch/weber/weber_a.html].

Richard Samuel, Hilda M. Brown: Kleist's Lost Year and the Quest for »Robert Guiskard«. Leamington Spa 1981.

Beat Junker: Geschichte des Kantons Bern seit 1798: Bd. 1: Helvetik, Mediation, Restauration 1798-1830. Bern 1982.

Holger Böning: Heinrich Zschokke und sein »Aufrichtiger und wohlerfahrener Schweizerbote«. Die Volksaufklärung in der Schweiz. Bern, Frankfurt am Main 1983.

Hermann F. Weiss. Funde und Studien zu Heinrich von Kleist. Tübingen 1984, S. 39-93.

Michael Stettler: Kleist in Thun. 17. Sept. 1983. In: Kleist-Jahrbuch 1984, S. 151-155 und 6 Abb.

Emil Erne: Die schweizerischen Sozietäten. Lexikalische Darstellung der Reformgesellschaften des 18. Jahrhunderts in der Schweiz. Zürich 1988, bes. S. 164-243 (Bern: Stadt, Alter Kantonsteil, Aargau, Waadt).

Peter Küffer: Thun. Türme, Tore und Gassen nach 1800 von Johannes Knechtenhofer. Herausgegeben vom Verein Schlossmuseum Thun aus Anlass seines hundertjährigen Bestehens. Thun 1988.

Rudolf Loch; Herbert Pruns: Zu Kleists Ansiedlungsvorhaben in der Schweiz. In: Beiträge zur Kleistforschung 7 (1993), S. 58-79.

Peter Staengle: Zschokke, sein Krug und andere. In: Brandenburger Kleistblätter 8 (1995), S. 19-50.

Heinrich von Kleists Lebensspuren. Dokumente und Berichte der Zeitgenossen. Herausgegeben von Helmut Sembdner. München 1996, S. 48-106.

Holger Böning: Der Traum von Freiheit und Gleichheit. Helvetische Revolution und Republik (1798-1803). Die Schweiz auf dem Weg zur bürgerlichen Demokratie. Zürich 1998.

Andreas Fankhauser: »... da sich viele einbilden, es seie nun unter dem Titel Freiheit alles zu tun erlaubt«. Der Kanton Bern unter der Trikolore 1798-1803. In: Berner Zeitschrift für Geschichte 60 (1998), H. 3, S. 119-133.

Hans-Peter Höhener: Zentralistische oder föderalistische Schweiz? Die Gebietseinteilung in der Helvetik 1798 bis 1803 und ihre Darstellung in Karten. In: Cartographica Helvetiva Heft 18 (1998), S. 21-31.

Werner Ort: »Die Zeit ist kein Sumpf; sie ist Strom«. Heinrich Zschokke als Zeitschriftenmacher in der Schweiz. Bern 1998.

Heinrich von Kleist: 1777-1811. Leben – Werk – Wirkung – Blickpunkte. Kleist Gedenk- und Forschungsstätte e.V. Frankfurt (Oder) 2000, S. 79-88.

Pascal Delvaux: La République en papier: circonstances d'impression et pratiques de dissémination des lois sous la République helvétique (1798-1803). 2 tomes. Genève 2004.

Silvia Arlettaz: Citoyens étrangers sous la République helvétique, 1798-1803. Genève 2005 (= Ars historica & politica).

Berns goldene Zeit. Das 18. Jahrhundert neu entdeckt. Herausgegeben von André Holenstein u.a. Bern 2008 (= Berner Zeiten, 4).

Bibliografische Information der Deutschen Nationalbibliothek
Die Deutsche Nationalbibliothek verzeichnet diese
Publikation in der Deutschen Nationalbibliografie;
detaillierte bibliografische Daten sind im Internet über
http://dnb.d-nb.de abrufbar.

www.wallstein-verlag.de
Vom Verlag gesetzt aus der Aldus
Umschlaggestaltung: Susanne Gerhards, Düsseldorf, unter Verwendung des Gemäldes »Blick vom alten Friedhof Freienhof, Aare und Alpen« (kolorierte Umrissradierung, 61,5 × 79,5 cm,1804) von Marquard Wocher; Sammlung Kunstmuseum Thun.
Druck: Friedrich Pustet, Regensburg
ISBN 978-3-8353-0896-1

Heinrich von Kleist

Über das Marionettentheater

Mit der Kunstbetrachtung »Über die allmähliche Verfertigung der Gedanken beim Reden«, vier Briefen von Heinrich von Kleist sowie den Kapiteln 1 bis 3 aus »Das Erste Buch Mose« des Alten Testaments

Herausgegeben und gestaltet von Klaus Detjen

ISBN: 978-3-8353-0941-8

Heinrich von Kleist thematisiert in seiner 1810 in den »Berliner Abendblättern« erschienenen berühmten Betrachtung »Über das Marionettentheater« den Verlust von Anmut und Grazie durch das reflektierende Bewusstsein. Ungetrübt durch dieses ist die Puppe dem menschlichen Tänzer an Anmut überlegen und darüber hinaus dem naiv unschuldigen Tier verwandt. Erst wenn unsere Erkenntnisse »gleichsam durch ein Unendliches gegangen« sind, kann sich die Grazie wieder einfinden, da sie am reinsten da erscheine, wo »gar keins, oder ein unendliches Bewußtsein [ist], d.h. in dem Gliedermann, oder in dem Gott«.

Die asymmetrisch angelegte Gestaltung von Klaus Detjen im durchgehend zweifarbigen Druck illustriert den Aspekt des Unstimmigen, Inkohärenten, auch Bruchstückhaften in der Kleistschen Dichtung: vier unterschiedliche, jedoch miteinander korrespondierende Text- und somit Typographieebenen erzeugen ein polymediales Muster.

Wallstein Verlag

Edgar Allan Poe

Ein Sturz in den Malstrom

Eine phantastische Fahrt

Herausgegeben, gestaltet und mit einer Nachbemerkung versehen von Klaus Detjen

Übersetzt von Hans Wollschläger

Mit einer Studie von Charles Baudelaire:
Edgar Poe, sein Leben und seine Werke

Übersetzt von Guido Meister,
in Zusammenarbeit mit Friedhelm Kemp

ISBN: 978-3-8353-0879-4

Edgar Allan Poes »Malstrom« ist ein Entwurf des Schreckens. Der Mensch, den Elementen ausgeliefert, wird darin zum Prüfstein seiner selbst und die Kulisse an der norwegischen Küste zum Ort bedrohlicher, alptraumhafter Naturgewalten. Auf einer Fahrt zu den Fischgründen versuchen drei Brüder der stürmischen See zu trotzen.

Die Gestaltung von Klaus Detjen im graphischen Teil des Buches gibt dem Empfinden von Schrecken und Entsetzen Ausdruck, das sich bei der Lektüre einstellt. Das Schriftbild wird destruiert und der Leser, der die Buchstaben nicht mehr zu Sinneinheiten zusammenfügen kann, erfährt sich als Ausgeschlossener, der nur betrachten, aber nicht mehr lesen, also verstehen kann.

Mit Baudelaires Essay, der den Text von Poe begleitet, kommt nicht nur ein Zeitgenosse zu Wort, sondern auch ein großer Bewunderer: »Als ich zum erstenmal eines seiner Bücher aufschlug, entdeckte ich, zu meinem Erschrecken und Entzücken, nicht nur Sujets, von denen ich geträumt, sondern Sätze, die ich gedacht, und die er zwanzig Jahre früher geschrieben hatte.«

Wallstein Verlag